청와대 20년, 공기업 20년, 그가 살아온 흔적

동강에서 한강까지

서 준 석 지음

잠재지능교육

동강에서 한강까지

서 준 석 '한강' 요트 위에서

______________님

하시는 모든 일에
항상 행운이
가득하길 바랍니다!

아프리카 모비쵸비 강을 건너는 코끼리 가족군단

저자 소개

서 준 석

서울대학교 경영대학원 AAP 감사인 최고과정 수료
국민대학교 경영대학원 석사
육군 종합행정학교 장교영어 과정(장교유학반) **수료**
국민대학교 사범대학 체육학과 졸업
영월 공업고등학교 기계과 졸업

現 삼성생명(주) 서울지역단 법인사업부 고문
前 CNK(주) 상임감사 역임
한전 원자력연료(주) 상임감사 역임
SOK(주) 회장 역임
동화홀딩스 동화기업(주) 대표이사 역임
현대중공업&한전KPS 컨소시엄 200만MW발전사업
한전기공(주) 감사실장 역임
대통령 근접 및 선발 경호 수행팀장
대통령 경호실(정부공채 충무요원 입사) 차장 보좌역

ROTC 16기 보병2사단 사령부 경비소대장 전역
서울대학교 경영대학원 AAP 총동문회 회장
국민대학교 총동문회 부회장
ROTC 총동문회 수석부회장
국가재난전략연구소 자문위원

'92년 정부 포상 근정포장 수혜
'86년 대통령 표창 수혜
'81년 대통령 경호실장 표창 수혜 2회
'78년 보병 제2사단 대통령 부대표창 수혜

이 책을 펴내며

자서전(自敍傳)이라는 것이 실제 자신의 생애에 대해 쓰는 전기로 알고 있지만 전기 작가들의 책을 보면 자신의 삶에 대한 이야기보다 외부적인 자료들에 더 많이 의존하고 있는 것 들을 볼 때마다 안타깝다.

강원도 삼척 골짜기 시골 촌에서 유년기를 보내고, 영월 봉래산을 바라보며 청소년기를 보낸 소년이 이 나라 대통령 경호관이 되기까지는 파란만장한 청년의 아픔이 있었다. 그렇게 남들보다는 좀 더 특이한 삶을 살아온 필자의 생애를 여과 없이 이 책에 쓰려고 한다.

필자는 1955년 생 양띠로, 사주를 통합해 보면 다음과 같다고 한다.
봉사 정신이 투철하고 남에게 베풀거나 돕기를 잘하는 편이며 사리 판단과 상황 분석이 남다르게 발달되어 있어 계산이나 수치에도 능한 편이며, 한곳에 머물기보다는 사방으로 분주하게 다니면서 일을 도모하면 재물이 따르고 길운이 열리게 되고, 특히 성실하게 자신의 목표를 향해 나가면 매우 빠른 진전을 나타내므로 경쟁자를 추월하여 정상에서 여유를 보일 수 있다고 한다. 또, 기본에 충실하려는 자세만 있다면 매우 뛰어난 인재로 쓰여 지게 될 것이며 매사에 빈틈이 없고, 사려 깊고 여유가 있으며 감수성이 예민하고 남을 기쁘게 하지만 경박하지는 않으며 지조가 있고 인자하며 견고한 도덕적 원칙을 품고 있으며, 자신이 믿는 사람을 철저히 신뢰하며 쉽게 항복하고 분란을 일으키지 않는 편이고 아주 헌신적인 사람이라고 들었다.
'사주팔자'라고 하는 것을 다 믿는 것은 아니지만 필자에 대해 풀이해 놓은 내용만큼은 거의 틀린 내용이 없는 것 같아 '사주' 라는 것이 정말 있나 보다.' 라는 생각을 하게 된다.

필자는 ROTC 16기로 보병 2사단 사령부 경비 소대장으로 군 복무를 마치고 청와대에 입성하여 20여 년 동안 국가와 국민의 안위를 위해 혼신의 힘을 다했던 애환 들을 이제 가슴 바깥으로 꺼내 풀어 보려고 한다.
그곳에서 20여 년 동안 가까이서 모시며 보아 왔던 대통령님 들의 생각과 국민과 국가의 안위를 위해서 노력하는 통치자와 지도자들의 모습 등을 생생하게 저자의 안목으로 기술하고자 펜을 들었다.

그리고 청와대를 떠난 이후부터 국가 산업에 조력하며 기업들에서 얻은 지식과 경험을 토대로 독자들에게 도움이 될 만한 내용들을 전해 주고자 한다.

동강이 범람하면서 **한강**에 이르기까지 전개되어 온 사실을 필자가 현재 기거하고 있는 한강변 **용산**에서 이 글의 원고를 시작하였다.

미래 세대에 귀감이 되고 溫故知新의 계기를 삼기 위하여 이 책을 발간하게 되었다.

저 자 서준석

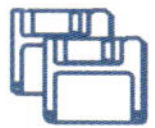

목 차

이 책을 펴내며 - 5
목차 - 7
이 책을 읽기 전에 - 9

Chapter1. 내 고향은 강원도 깡촌

1. 아버지
갑부의 딸과 결혼한 엔지니어 -13
대한민국 시멘트업계의 선구자 - 16

2. 동강의 추억
불침번 세운 안테나 - 20
분뇨 냄새는 정말 지독해 - 24

Chapter 2. 모범학생 & 불량학생

3. 깡촌 열전
열차 통학 - 31
학도호국단 연대장 - 34

4. 고달픈 청춘
3일 간의 육군사관학교 병영체험 - 36
불량 동아리에 가입하다 - 39

Chapter3. 서울입성, 그리고 청와대

5. 인생의 전환점
조폭이 장학생 되다 - 47
학교를 위해 농구선수를 납치하다 - 52
나는 정말 데모꾼이 아니었다 - 57
사단 항공기를 타고 날다 - 62

6. 대통령 경호관
나의 첫 직장은 청와대였다 - 67
청와대 - 79
故노무현 前대통령 - 89

Chapter 4. 나의 사랑, 나의 행복

7. 가족
바람맞은 인연 - 99
살림밑천 - 108
아들 같은 딸 - 126
나의 분신 - 135

8. 행복
봉사 -152
사는 동안 - 162

Chapter 5. 삶의 귀로

9. 살아가는 이유
찬미예수님 - 173
제 2의 행보 - 180

10. 선배로서 말 한다
국가 참사에 대한 대처 - 193
대통령 탄핵 - 198
대통령 경호 - 201

11. 리더의 덕목
희생 – 206
경영마인드 – 209
임원이 할 일 – 211
비전 상승 – 213
갈등 해소 - 215

이 책을 추천하다 - 217

이 책을 읽기 전에

저자 서준석은 1955년 1월, 강원도 삼척에서 태어나. 영월 공업고등학교에서 공부하고 상경하여 국민 대학교를 졸업하고 ROTC 16기 육군 소위로 임관하여 육군 2사단 보병 소대장, 유격 교관, 경비 소대장을 역임하였다.

1980년 육군 중위로 전역하고 청와대 충무 요원 공채 1기로 합격하여 故최규하 대통령 경호부터 네 분의 대통령을 모시며 20여 년 동안 대통령 경호실에 근무하였다. 이후 민주당 대통령 후보 故노무현의 가까운 거리에서 참모의 역할과 대선 기획, 수행 경호, 의전 등을 총괄 지원하며 대선 출마 프로젝트 마중물 준비에 크게 이바지하였고 정치 1번지 종로 보궐 선거에서 보수 층의 아성인 요체에서 당선을 도왔다.

1994년 한전기공(주) 해외 사업 추진팀장으로 인도 GMR 그룹 현대 중공업과 조인트 벤처 한 P/J 세계 200만 MW 디젤 파워 플랜트의 시공, 건설, 시 운전, 상업운전을 성공에 이르게 했었고 동화기업(주) 대표이사로 이직한 후 해외 P/J를 마치고 귀국 후에 故노무현 前대통령의 대선을 돕기 위해 잠시 일선에서 물러났었다. 故노무현 후보의 대통령의 당선 이후, 전력 그룹 사 중 한전 핵연료 상임감사로 보임되어 한국 원자력 산업에 한 획을 남길 만 한 업적을 남기다.

2008년. 좀 더 내실을 다지고자 서울 대학교 경영 대학원 감사인 교육과정을 수료한 후 씨엔케이 인터내셔날(주) 대표이사의 삼고초려오- 충남 대학교 교수 김 원사의 요청에 함께하기로 결정하여 6년이란 긴 세월 동안 숱한 경험을 쌓았으며, 이후 2014년도부터는 아내의 권유로 ㈜삼성생명의 고문으로 입사하여 새로운 경험과 삶에 도전하고 있다.

ROTC 16기 현재 모습 / 하단 '부부 동반'

Chapter1.

내 고향은 강원도 깡촌

강원도 영월 동강

가족들과 경포대 해수욕장에서

선친과 회사 동료들

1. 아버지

갑부의 딸과 결혼한 엔지니어

그 옛날, 강원도 삼척에서 지나가는 길목마다 밟지 않으면 어디도 갈 수가 없을 만큼의 땅 부잣집이 있었다고 한다. 아니 어쩌면 단순히 '땅 부자'라고 감히 말할 수 없을 정도로 그 부잣집의 재력은 상상을 불허할 정도였다고 하는데, 바로 그 갑부의 딸과 결혼한 가난한 청년의 이야기를 써 보려고 한다.

청년은 조실부모(早失父母) 하고 어려운 형편에 독학으로 고등학교를 졸업하고 일찍이 산업 전선에 뛰어들어 돈을 벌어야 했다. 비록 대학교 진학은 꿈에도 생각할 수 없었지만 미래를 위한 직업으로 기계를 다루는 기술을 배워 국내 굴지의 공장에서 엔지니어(engineer)로 일하며 장래가 촉망되는 기술자로 인정받아 주변 어른들께 인정받았다고 한다. 그러던 중 삼척 갑부의 인척 중 한 분이 성실하고 착한 청년을 눈여겨 갑부의 딸을 소개하게 되었는데 현실적으로 가난한 청년 엔지니어가 갑부의 딸과 만난다는 것 자체가 언밸러스(unbaiance) 한 만남이었으나 그 둘은 서로 사랑하는 사이가 되었다는 이야기다. 하지만 그 가난한 청년 엔지니어는 주변의 우려를 뒤로하고 보란 듯이 갑부의 딸을 아내로 맞이했고 그 두 분이 바로 필자의 부모님이시다. 자랑 같지만 필자의 외가는 그 옛날 삼척에서 '갑부'라 불릴 만큼 부자였고 그 갑부의 딸이 바로 필자의 어머님이며, 당시 갑부의 딸을 아내로 맞이했던 선친(先親)의 용기에 다시 한 번 찬사를 보내고 싶다.

우리나라 역사를 잠시 거슬러 올라가 보면, 1910년에 근세의 조선 시대로 이어 오던 국권을 역사상 처음으로 일제에 빼앗기고 식민지로 지배당하게 되었었다. 그 후 우리나라는 천신만고(千辛萬苦)를 거듭하던 독립 투쟁을 해 오다가 일본이 제2차 세계 대전에서 패배할 때 마침내 광복을 맞이하게 되었지만, 승전국인 미국과 소련의 군대가 대한민국의 38선을 경계로 각각 군정을 실시하게 되어 광복의 기쁨도 잠시였을 뿐 오히려 남과 북이 분단 상태가 된 것이다. 그러나 한 민족의 끊임없는 노력으로 1947년 제2차 UN 총회에서 남. 북한 동시 총선거가 제의되었으나, 북한의 반대로 1948년 5월 10일 남한 만의 총선거를 실시하여 5월 31일 제헌 국회가 개설되었다. 제헌 국회는 그해 7월 17일 「대한민국헌법」을 제정, 공포하고 그달 20일에 故이승

만 前대통령이 초대 대통령으로 선출되었다. 국제연합은 이처럼 성립된 대한민국 정부를 '한반도에서 유일한 합법적 정부'로 인정하였다.

일제 식민지 당시에 태어나신 선친(先親)께선 고등학교를 졸업하자마자 기술을 배워 일본 사람 밑에서 엔지니어로 일하고 있을 때 어머님과 결혼하였고, 우리나라 건국 초기에 누구랄 것도 없이 어려운 시절이었던 해방 이후에도 빈곤의 어려움은 모르고 살았다고 한다.

필자가 초등학교도 들어가기 전에 부모님과 함께 강릉 경포대 해수욕장에서 찍은 사진이 있다. 1960년도 초반 우리나라 곳곳의 사정이 빈곤했던 그 시절에도 온 가족이 함께 바닷가에서 즐거운 시간을 보내며 수영복 차림으로 사진을 찍을 수 있었던 여유 있는 모습만 보더라도 당시 부모님의 사는 수준이 상당한 부자였던 것 같다.

대한민국 시멘트업계의 선구자

선친(先親)께선 기계를 다루는 기술이 출중하여 당시 대부분 흙으로 지어진 흙집 들을 허물고 시멘트로 다시 짓기 시작했던 그 시대에 시멘트를 제조하는 공장에서 엔지니어로 전문적인 분야의 일을 시작했다고 한다. 도시마다 건물들이 속속 들어서고 공장들이 생겨나기 시작하여 건설업계에 건설 붐이 일어난다고 할 때부터 엔지니어로 일하셨으니 그 분야에서는 상당한 전문가라고 할 수 있었을 것 같다. 다만, 그 당시에는 서울도 아닌 지방에서 대학교에 다닌다는 것은 꿈도 못 꾸던 시절이라 학업을 계속하지 못한 것이 안타까운 일이었을 것이다.

필자의 선친(先親)께서는 평생을 시멘트 연구와 기술을 위해 일생을 살아오셨던 분이며, 1960년대 우리나라의 섬유 공업 발달로 시멘트、비료、정유 공장의 건설 절정기에 시멘트업계의 선구자 역할을 하셨던 분으로 일제 강점기부터 일본인을 상사로 두고 시멘트를 같이 연구하고 만들어 그 분야에 대해서는 최고의 전문가라고 할 만큼 대단 한 분이었던 것으로 기억한다.

필자가 초등학교에 다닐 때였던 것으로 기억된다.

어느 날 선친(先親)께서 청와대 초청을 받아 대통령 표창을 받으러 서울에 가신다고 했다. 어릴 때라 정확하게 기억나지 않지만 창경궁에서 개최된 산업 박람회에서 우수한 성적을 거두었다고 들은 기억이 난다. 필자는 그때 강릉비행장까지 따라가서 당시 동양시멘트 회장과 일본인 엔지니어와 우리 아버님과 함께 '오원기'라는 작은 프로펠러 비행기를 타고 서울로 가는 것을 보았다. 서울에 가셨던 아버님은 청와대에서 대통령 표창과 함께 상품도 받아 오셨는데 그 상품이 시골에서는 잘 볼 수 없었던 귀한 '드레스미싱'이었다. 그 '드레스미싱'을 어머님이 잘 챙겨두셨다가 누이가 시집갈 때 혼수로 주셨다.

그 이후 영월로 자리를 옮기는 선친(先親)을 따라 가족들도 영월로 가게 되었는데 그때 선친(先親)을 따라 삼척에서 영월로 자리를 옮긴 엔지니어 숫자가 무려 150명 가까이 되었다고 한다. 그 것은 아마도 시멘트업계의 더 큰 발전을 위한 '대 이동' 이었다고 말할 수 있을 것이다. 필자의 어머님은 저녁마다 그들의 저녁 식사를 위해 무쇠솥에 밥을 지었는데 그 양이 한 달에 쌀 두어 가마니는 족히 되는 양이었다. 선친(先親)께선 삼척에서 영월까지 엔지니어들이 함께 왔다는 이유로 저녁마다 우리 집에 와서 흰 밥 한 그릇과 막걸리 한 그릇씩을 먹을 수 있도록 배려를 해 주셨던 것이다.

필자가 기억하는 선친(先親)은 늘 부지런하고 착하기만 하여 당신 보다는 남을 더 생각하는 분이셨다. 어쩌면 선친(先親)의 그러한 면이 저절로 사람이 따르게 하는 당신만의 '리더십'이었던 것 같다. 예로부터 아이들은 보고 듣는 대로 배우고 자란다고 했다.

"열심히 일하는 사람은 부자가 될 수밖에 없고 게으른 사람은 절대 부자가 될 수 없다."

이 말은 선친(先親)께서 늘 입버릇처럼 하시던 말씀이다. 그래서인지 필자는 지금까지 잠을 자는 시간도 아까워 시간을 아껴 쓰고 있다.

좌측 : 필자

강릉비행장에서_선친과 일행

청와대 대통령 표창_드레스미싱

청와대 시상식_선친과 일행

2. 동강의 추억

불침번 세운 안테나

선친(先親)께서 산업 박람회에 다녀오시면서 양쪽에 미닫이문이 달린 도시바 텔레비전과 우리 형제들의 선물로 스케이트를 사 오셨다. 텔레비전은 온 동네 자랑거리라도 되는 양 필자의 집 툇마루에 설치했는데 시골이라 전파가 약해서 드라마라도 한 편 보려면 필자의 집 툇마루에서부터 산꼭대기까지 안테나를 군데군데 세워 놓아야 했다. 그리고 그 안테나가 조금이라도 바람에 흔들리면 텔레비전 화면이 지직거려 사람의 얼굴은커녕 말소리도 제대로 들리지 않았다. 그래서 누군가는 그 안테나가 흔들리지 않도록 붙들고 서 있어야 했는데 추운 겨울에 벌벌 떨면서도 군인들이 불침번을 서듯 동네 아이들이 교대로 올라가 안테나를 부여잡고 서 있었다. 아이들은 텔레비전을 보기 위해 어쩔 수 없이 교대로 불침번을 서야만 했고 덕분에 온 동네 어르신들은 매일 저녁 7시가 되면 '여로'라는 드라마를 보려고 일손들을 다 놓고 필자의 집으로 오시곤 했었다. 필자는 교대로 안테나를 잡고 서 있는 아이들 대열에 서지 않는 자신을 자랑스럽게 여겼던 것 같다. 그뿐 아니라 동네 아이들은 더 앞자리에 앉아 텔레비전을 보기 위해 마른 오징어나 옥수수같이 맛난 것들을 하나씩 들고 와서 선물 공세를 하곤 했었는데 그런 걸 받을 때마다 어린 맘에 우쭐했었다. 그렇게 필자는 어려서부터 동네에서 남들보다 환경적으로 어려움을 모르고 자랐으며 늘 친구들에게 부러움의 대상이었던 유년 시절을 보냈다.

학교에서 소풍을 갈 때도 다른 친구들은 평소 신고 다니던 검정 고무신을 신고 가는데 필자는 집안 어른들이 특별한 날이라며 검은색 베로 만든 운동화를 사주면 그 검정 베 신을 신고 나가 신나서 자랑했었다. 그 당시 친구들은 자랑만 해 대는 필자가 부럽거나 미웠겠지만, 필자가 서울로 올라오면서 연락이 끊겼었다. 그러던 어느 날 지인의 결혼식장에서 우연히 만나게 되었는데 어릴 적 친구들은 역시 서로에 대한 반가움이 훨씬 컸고 그들과 지금껏 끈끈한 우정으로 가끔 만나곤 한다.

다음의 글은 오랜 세월 동안 헤어져 있던 친구들과 다시 연락되어 소중한 만남을 이어 가는 중에 한 친구가 필자를 두고 <한국경제>신문에 기고 한 글이다. 어릴 적 친구에 대한 가슴 짠한 그리움으로 친구의 글 일부를 이 책에 올려 본다.

 2011. 4. 10 보도 '한국경제' 자료 **'초등학교 친구 서준석 감사'**

초등학교 때는 같은 반에 있으면서 아주 친하게 지냈는데 서로 다른 학교로 가면서 연락이 끊겼었다. 그러다가 다시 연락하게 된 것이 6년 전쯤 되었으니까 거의 40여 년 만에 만난 것 같다. 그 후로 가끔 내 사무실에 놀러 오고, 만나서 식사도 몇 번 했다. 초등학교 동창 모임 때도 종종 만나고 있지만.

친구의 별명은 '감사'이다. '만년 감사'라고도 부른다. 여러 회사에서 감사로 오랫동안 근무했기 때문이다. 한전기공(한전 KPS), 한국원자력연료(KEPCO)의 감사를 지냈으며, 현재는 코스닥 업체인 CNKI(주)에 감사로 재직 중에 있다. 심지어 ROTC 동기생 모임에서도 감사를 하고 있다. 친구가 2년 전부터 현재 감사로 있는 CNKI (씨앤케이인터내셔널, 039530)는 금년 2월까지는 '코코(코코 엔터프라이즈)'라는 회사였었는데, 회사 규모가 커지면서 글로벌화하기 위해 사명을 CNKI로 바뀌게 되었다. CNKI는 아프리카의 카메룬에서 다이아몬드 광산 개발권을 취득하여 엄청난 뉴스의 주인공으로 지난해 12월 중순(12월 17일)에 방송 3사의 TV 뉴스에 크게 보도가 되었고, 각종 신문지상을 화려하게 장식을 한 바 있다.

......중략.......,

서준석 친구의 CNKI 회사에 대한 자부심이 대단하다. 이러한 친구의 자부심에서 CNKI 회사에 대한 신뢰를 느낄 수 있으며, 그런 그가 믿음직스럽기까지 하다. 그동안 미국을 비롯한 몇몇 선진국만의 독점으로 되어 있는 고부가가치 산업인 다이아몬드를 우리나라가 그것도 CNKI 라는 중소기업이 발굴 하여 국내로 가져 올 수 있다는 것과 또 그런 회사에서 감사로 근무하고 있는 것에 대해 자랑스럽게 생각하며 회사를 위해 부단한 노력을 기울이고 있는 친구가 든든하고 자랑스럽다.

......하략.

<봉래산> # 회사를 홍보하려는 의도는 없습니다. 열심히 살아가는 친구가 기특하고 자랑스러워서 잠시 생각해 본 것일 뿐입니다. #

친구가 <한국경제>신문에 기고 한 글은 훨씬 더 많지만 간략하게 소개를 해 보았다. 친구의 글은 필자를 믿어 주는 마음과 의리가 느껴진다. 남자에게 있어 친구란 '의리'다.

분뇨 냄새는 정말 지독해

어린 시절을 시골에서 자란 사람이라면 누구라도 동네 친구들과 어울려 이웃집 과수원에 몰래 들어가 서리를 해서 나눠 먹는 재미를 알고도 남을 것이다. 지금은 서리하면 절도죄에 해당돼서 형사 처분 받는 세상이 되었지만, 예전엔 남의 집 과일이나 가축 따위를 훔쳐 먹는 일을 장난으로 했었고 어른들은 그것을 알고도 눈감아 주던 일종의 풍습이었고 누구나 어린 날의 추억으로 자리 잡고 있을 테지만 필자에겐 유독 서리에 대한 추억이 남다르다.

필자가 어린 시절을 보낸 영월 동강 변에는 유독 나무와 숲이 많았다. 하루는 친구들과 모여 그날 밤에 사과 서리하자고 약속하고 날이 어두워지자 모두 한자리에 모였다. 친구들이 모두 모이자 우리 동네에서 사과가 제일 많은 과수원으로 향했다.

과수원에 도착하자마자 친구 한 명은 밖에서 망을 보고 한 명씩 살금살금 과수원 안으로 들어가 본격적으로 사과 서리를 시작했다. 친구들은 잘 익은 사과를 더 많이 따려고 과수원 중간까지 들어갔지만, 필자는 겁이 많아 그냥 입구 쪽에서 잘 익은 사과가 있는지 살피고 있었다. 사실 그 당시에도 선친(先親)께서는 서리하러 다니는 것을 '도둑질'이라고 못 하게 하셨고 집에서 알게 되는 날엔 매를 맞을 각오를 해야 했기 때문이다.

필자는 서리 가는 날엔 '친구 따라 강남 간다'는 심정으로 어쩔 수 없이 함께하지만 늘 겁나고 마음이 불편했는데 다른 친구들은 그날도 서슴없이 과수원 중간까지 들어갔다. 그리고 사과서리에 무사히 성공하고 되돌아 나오는 것이 보였다.

그런데 한 친구가 갑자기 소리쳤다.

"으악! 똥구덩이다!!"

그 순간 우리는 모두 오만 상을 찌푸리며 서리한 사과도 내버리고 코를 막고 뛰기 시작했다.

시골에서는 땅을 파서 만든 화장실이 가득 차면 그 분뇨를 퍼서 거름에 쓰려고 과수원 한가운데나 밭도랑 같은 곳에 모아 두는데 하필 그날 그 과수원 안에 분뇨를 묻어 놓고 흙으로 살짝 덮어 놓았던 것이다.

다행히도 필자는 가운데로 들어가지 않아 발만 조금 빠졌지만 중간까지 들어갔던 친구들은 한복판부터 뛰다가 분뇨 더미에 허벅지까지 빠진 친구도 있었다. 우리는 바로 동강으로 가서 씻고 또 씻으며 집에 가서 새 옷을 가져와 갈아입었는데도 분뇨 냄새가 쉽게 없어지지 않았다. 그 일 이후로 필자는 '두 번 다시 서리를 안 할 거다!' 하고 다짐했고 그 뒤로는 남의 집 과수원에 두 번 다시 가지 않게 되었다.

그때 분뇨에 빠졌던 친구들은 분뇨 냄새로 지독하게 고생한 덕분에 그 이후엔 사과 서리 대신 동네 닭장을 다니며 닭서리를 시작했다. 필자는 그때도 역시 친구들이 닭을 잡아 오면 닭을 삶아 먹을 때만 함께 했었다.
그리고 시골 닭들은 참 이상하다고 생각했다. 친구들 손에 딱 잡히기 좋게 닭장 안에서 자는 것이 아니라 닭장 담에 걸쳐 놓은 나뭇가지 위에 걸터앉아서 자고 있는 것이다. 그러니까 아이들이 그 아래로 살며시 다가가서 발목을 먼저 꽉 잡은 다음에 몸체를 안아 들어도 푸드덕거리지도 않고 가만히 잡혀 준다. 마치 잡혀가는 신세를 포기라도 한 것처럼 말이다.

친구들이 그렇게 서리해 온 닭을 어느 한 집에 모여 물을 펄펄 끓인 다음 산 채로 집어넣고 털을 뽑아야 하는데 친구 중에는 그런 일도 거침없이 참 잘했던 친구가 있었던 것 같다. 필자는 그런 광경을 늘 바라만 보고 함께 어울리며 먹기만 했어도 그 어린 날의 추억이 사뭇 그리워진다. 다만, 우리 친구들에겐 좋은 추억이 되어 있는 그 일이 지금 생각해 보면 누군가에겐 쓰라린 기억으로 남아 있을 것이라는 생각을 이제야 비로소 하게 된다. 우리 친구들에게 서리를 당한 그 집에서는 애지중지 키우던 닭이 분명했을 테니 말이다.

40년 만에 만난 '강원도 동강' 추억의 친구들과

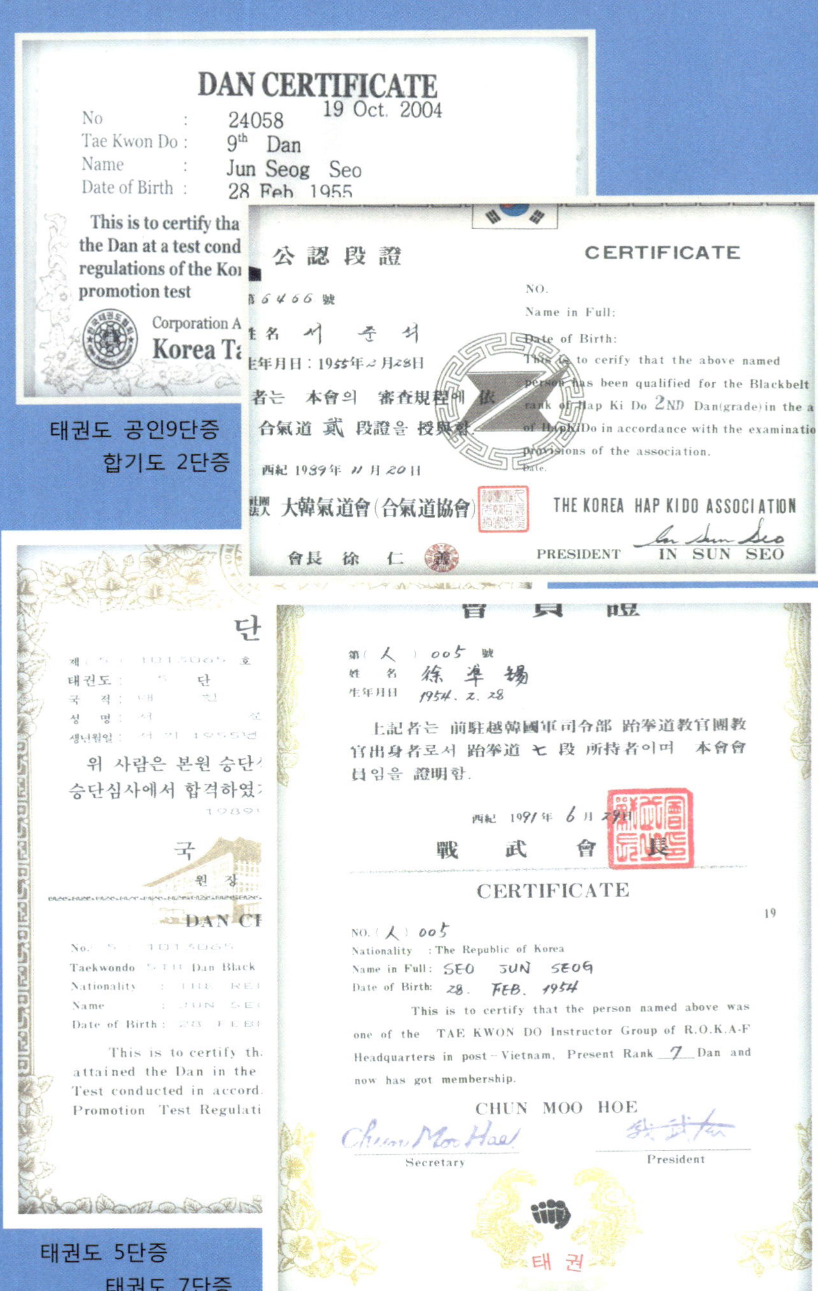

DAN CERTIFICATE

19 Oct. 2004

No : 24058
Tae Kwon Do : 9th Dan
Name : Jun Seog Seo
Date of Birth : 28 Feb 1955

This is to certify tha
the Dan at a test cond
regulations of the Ko
promotion test

Corporation A
Korea Ta

公認段證

第6466號
姓名 서 준 석
生年月日 : 1955年2月28日
者는 本會의 審査規程에 依
合氣道 貳 段證을 授與함.
西紀 1989年 11月 20日
社團法人 大韓氣道會(合氣道協會)
會長 徐 仁

CERTIFICATE

NO.
Name in Full:
Date of Birth:
This is to cerify that the above named person has been qualified for the Blackbelt rank of Hap Ki Do 2ND Dan(grade) in the a of HapkiDo in accordance with the examinatio provisions of the association.
Date.

THE KOREA HAP KIDO ASSOCIATION
PRESIDENT IN SUN SEO

태권도 공인9단증
합기도 2단증

단

제 5 101 5065 호
태권도 : 5 단
국 적 : 대 한
성 명 : 서
생년월일 : 서기 1955년

위 사람은 본원 승단
승단심사에서 합격하였

1989

국
원 장

DAN C

No. 5 101 5065
Taekwondo 5th Dan Black
Nationality : THE RE
Name : JUN SE
Date of Birth : 28 FEB

This is to certify th
attained the Dan in the
Test conducted in accord
Promotion Test Regulati

會員證

第(人) 005 號
姓 名 徐準錫
生年月日 1954. 2. 28

上記者는 前駐越韓國軍司令部 跆拳道教官團教官出身者로서 跆拳道 七 段 所持者이며 本會會員임을 證明함.

西紀 1991年 6月 29日

戰武會長

CERTIFICATE

19

NO. (人) 005
Nationality : The Republic of Korea
Name in Full : SEO JUN SEOG
Date of Birth: 28. FEB. 1954

This is to certify that the person named above was one of the TAE KWON DO Instructor Group of R.O.K.A-F Headquarters in post-Vietnam, Present Rank 7 Dan and now has got membership.

CHUN MOO HOE

Secretary President

태 권

태권도 5단증
태권도 7단증

Chapter 2.

모범학생 & 불량학생

영월 공업고등학교 연대장

학도호국단_교련 제식훈련

3. 깡촌 열전

열차 통학

필자는 영월에 있는 중학교에 입학하면서 열차를 타고 통학했다. 지금은 전철이 생겨나 사람들의 기억에서 사라졌지만, 처음에 수증기 물방울을 흩뿌리며 기적 소리를 '뿌~뿌~' 내며 달리던 '증기기관차'가 맨 앞에서 달렸었고, 그다음엔 '디젤기관차'라고 했던 것 같다.

1970년대에 개봉되어 인기 절정이었던 '진짜진짜미안해(이덕화, 임예진 주연)'라는 영화에 주인공 학생들이 열차를 타고 통학하는 배경으로 그려진 모습을 떠올리면 필자의 학창시절 통학 모습과 흡사하다고 볼 수 있다.

중학교가 지역마다 없던 시절이라 영월군 관내의 제천, 정선, 태백 등에서 열차로 통학하는 학생들은 모두 영월로 집결했었는데 지금은 거리상 얼마 안 되는 것 같지만, 그 당시에는 열차를 타는 시간만 왕복 서너 시간 이상 소요되는 대장정이었다고 할 수 있었다. 그래서 그때 당시 중학생들은 늦잠 자다 기차를 놓치면 꼼짝없이 등교에 문제가 생기게 되므로 잠을 설치기 일쑤였고 기차를 타야만 등교할 수 있었으니 그만큼 일찍 일어나야 했다. 기차를 타도 편히 앉아 가는 것이 아니고 마치 콩 나물시루처럼 학생들로 가득 차서 무거운 책가방을 들고 서서 가야 했으며 긴 시간을 열차에 시달리느라 지치고 힘이 들었다. 필자는 늦잠을 자거나 해서 기차를 놓쳐 본 적이 없었지만 때로는 기차 출발시간보다 한발 늦게 도착해 떠나는 기차를 보면서 발을 동동 구르는 학생들도 더러 있었다. 간발의 차로 기차를 놓친 학생들은 다시 집으로 돌아갔는지 늦게라도 학교에 갔는지는 잘 모르겠다.

근거리를 다녀도 늘어난 수업 시간 때문에 힘든 중학 과정을 긴 열차 통학에 시달리다 보니 공부에도 소홀해질 수밖에 없었는데 필자에게 그보다 더 공부를 못하게 하는 요인은 따로 있었다. 각 지역에서 오는 학생들끼리 자기 동네 역의 명예를 걸고 패권을 쥐는 싸움을 하고 그 싸움의 시작이 통학 열차 안이었다. 그리고 그 싸움이 계속되다 보니 필자도 그 무리에 휩쓸려 다녔다. 강원도는 제천, 송학, 태백, 정선 등 지역별로 중학교에 입학하면서부터 열차 통학을 하며 힘겨루기로 싸워 이기는 무리가 학교 근처를 장악하게 되고 그 시절에는 그렇게 힘센 무리가 그룹별로 불량 동아리를 만들었는데 다행히 필자는 덩치도 좀 있고 태권도 유단자였기 때문에 별 탈 없이 학창 시절을 보낼 수 있었다. 그 무렵에 태권도가 보급되면서 역 근처나 정류장을 중심으로 태권도장이 생기고 운동을 좀 한다고 하는 사람들은 모두 태권도를 배우러 다녔었다. 그리고 중부 지역에서 승단 심사나 태권도 대회가 열리면 그 사람들이 한자리에 모이게 되어 서로 친구가 되고 선. 후배가 되어 가깝게 지내면서 한패를 이뤄 다녔었다.

필자는 학창 시절에 그런 험난한 조직들 속에서 견디며 살아난 사람 중 한 사람이라고 말할 수 있으며 그러한 생활이 싫어서 서울을 피난처 삼아 올라온 것이다.

최근 모 지역에서는 운행 정지되었던 열차 노선을 재개하여 출퇴근, 통학 시간대에 부족한 대중교통의 보강 수단으로 확정지었다는 신문 기사를 접하기도 했었는데 교통수단이 없어 열차에만 의존했던 과거와는 달리 통학하는 학생들의 편의 및 출. 퇴근 시간대 승객 과밀 현상의 해소를 위한 추가 대책 마련으로 이용되는 것이니만큼 어린 학생들의 건전하고 추억이 가득한 열차 통학 문화를 이루어 갔으면 하는 바람을 가져본다.

학도호국단 연대장

필자는 대학교에 진학할 생각이 없었기 때문에 인문계 고등학교가 아닌 지금으로 말하면 특성화 고등학교라고 할 수 있는 공업 고등학교에 진학했었다. 그 당시에는 모든 고등학교가 교련을 실시할 때라서 '학생부'라는 제도 대신에 '학도호국단'으로 구성되었고 필자는 그때 학도호국단 연대장이었다. 지금으로 말하면 학생부 '전교 회장'을 말한다.

'학도호국단'이란 광복 전에 일본이 우리나라 학생들을 군국주의 침략의 방패로 삼기 위하여 실시하였고, 광복 후에는 1948년 병역법에 의거하여 처음으로 실시되었다가 1950년 6·25로 중단되고 1951년 12월부터 학생 군사 훈련으로 다시 시작했으나 1953년 휴전 협정 체결과 국내 정세 안정으로 1955년도부터 중단이 되었다. 그러나 1968년 청와대 기습 사건을 비롯하여 울진·삼척 등의 무장공비 사건을 시작으로 북한의 도발에 영향을 받아, 1969년부터 다시 고등학생과 대학생을 대상으로 실시하다가 1990년 3월부터는 대학에는 폐지하고 고등학교에만 실시했었다. 위와 같이 일반 고등학생부터 대학생 전체를 '학도호국단'이라 명칭하고 군사 관련 교육 훈련과목으로 교련(敎鍊)이라는 필수 과목을 가르쳤다. 대학 교련은 1988년에 폐지되었고, 고등학교 교련은 단계적으로 총. 검술, 제식 훈련 폐지를 거쳐 1997년부터 선택 과목으로 전환되면서 사실상 폐지된 것과 다름이 없었다. 이후 2011년에 교련(敎鍊)은 '안전과 건강'으로 명칭이 변경되었다.

교련 과목의 선생님은 예비역 대위나 소령 출신이었던 걸로 기억하고 있는데 남자 고등학생들은 교련 수업이 있는 날에는 교련복을 착용 하고, 카빈소총이나 M16 소총의 모형을 들고 제식 훈련과 총. 검술을 배웠다. 여자 고등학교의 선생님은 교직 이수를 한 간호학과 출신으로 여학생들은 제식 훈련과 구급법을 배운다고 들었었다.

‘학도호국단’은 각 학교별로 구성되었고 ‘학도호국단’을 이끄는 ‘장’을 ‘연대장’이라 불렀다. 필자는 영월 공업 고등학교 학도호국단 연대장으로 전체 학생들을 지도하고 제식 훈련 때는 구령을 외치는 등의 일들을 했는데 당시의 학도호국단 연대장은 학생으로선 최고의 권위였다.

4. 고달픈 청춘

3일 간의 육군사관학교 병영체험

지금에 와선 추억으로 남아 있지만, 고등학교 재학 중에 2박 3일 동안 '육군사관학교 병영체험'을 다녀와서 육군 사관학교에 대한 동경이 하루아침에 사라졌다.

전국에 있는 약 300여 명의 학도호국단 연대장들이 육군 사관학교에서 2박 3일 동안 간부 수련의 시간으로 병영체험을 한다고 하여 육군 사관학교생활관에 입소하였다. 전국에 있는 학도호국단 단장과 연대장들만 입소할 수 있는 제도였으므로 그들의 성적은 말할 것도 없고 품행이 바른 학생들만 모아 놓았다고 해도 과언이 아닐 것이다.

연대장 일동은 육사 생도들과 3일 동안 함께 생활하면서 그들의 병영생활을 그대로 체험하는 시간이었다. 멋진 제복을 입고 다니는 육군 사관학교 생도들을 길에서 마주치면 누구든 감탄사가 절로 나올 만큼 그때 당시에도 육군 사관학교는 누구 나의 동경을 담은 곳이었다. 그러나 그곳에서 3일 동안 병영체험을 하면서 필자가 느낀 것은 단 하나였다.

'여긴 내가 있을 곳이 아니다.'

밤마다 점호 전에 심야 정신 자세 훈련을 위한 행군이 죽을 만큼 힘들었다. 육군 사관학교 바로 뒤쪽 불암산 중턱에는 900 고지가 있었다. 그곳을 매일 5분 안에 돌고 내려오는 훈련이었는데 산기슭 경사마다 서 있는 나무들에 손이 스쳐 간 자리를 느끼면서 그곳을 돌고 내려오는 과정이 얼마나 많은 반복과 함께 힘들었으리라는 것을 알 수 있었다. 올라가는 것이 힘에 부쳐 길목마다 서 있는 나무를 잡고 올라갔을 테니 나무껍질 표면들이 마치 사포로 문질러 놓은 것 같이 반질반질하다 못해 달빛에 반짝거리기까지 하는 것이었다. 사실 그곳은 아무리 숙달이 된다 해도 5분 안에 올라갔다 되돌아온다는 자체가 정말 힘든 일이다. 그리고 그 나무들을 잡고 오르내리며 생각했다.

'다이아몬드를 만들어 내는 일이 결코 쉬운 일이 아닌 것이다. 사관생도는 나라가 만들어 내는 다이아몬드다.'

그뿐만 아니라 육군 사관학교는 선후배 간에 내리는 체벌이 일반 대학과는 비교가 안 될 만큼 엄하고 무서웠다. 그때까지만 해도 육군 사관학교에 대한 동경으로 육군 사관학교에 가고 싶다는 고민을 하고 있었던 필자는 육군 사관학교에서 병영체험을 하면서 사관학교에 대한 환상에서 스스로 벗어 날 수 있는 계기가 되었다. 밥 먹는 시간조차 상급 생도들과 마주하고는 도저히 밥이 넘어가지 않았고, 제복과 속옷까지도 각을 정확하게 맞춰서 보관해야 하는 그곳에서 생활할 생각을 하니 엄두가 나지 않았다.

당시에는 병영체험에 참여했던 학도호국단 연대장들에게 육군 사관학교 입학 특별 전형 혜택을 주기 위해 퇴소할 때 설문 조사를 했었는데 그곳에서 여러모로 충격을 받았던 필자는,
그 설문지 질문 중 입학 여부를 묻는 항목에 다음과 같이 답변했다. '육군 사관학교에 들어오겠다 (　) / 오지 않겠다 (O)'

2박 3일의 병영 체험을 마치고 돌아오면서 필자는 생각했다.
'이토록 엄청난 훈련을 이겨내야만 미래에 많은 병사를 책임지는 이 나라 국군 대장의 자리에 위치하는 사람들이 되는 구나!' 라고.
그래도 의미 있고 값비싼 경험이었다.

불량 동아리에 가입하다

필자는 고등학교 시절 학도호국단 간부로 활동하기도 했지만, 반면 소위 음성 동아리(cercle)라고 하는 곳에 가입해서 불량 학생들과 어울려 다녔었다. 학교 내에는 영월에서 유명하리만큼 양대 산맥을 이루는 두 개의 동아리가 있었는데 그들 중 누구 한 사람이라도 선생님이 꾸중하는 날이면 그 선생님 집 장독에 분뇨를 퍼부어 놓고 달아날 정도로 험악한 부류의 학생들이었다. 그리고 그들은 가방에 도끼를 넣고 다니면서 자기들끼리 도끼 던지는 연습도 하는 그런 친구들이었다.

지금은 영월에도 인문계 고등학교가 설립되었지만 그때 당시만 해도 강원도 영월, 평창, 태백, 정선을 통틀어 고등학교는 영월에만 있었다. 그러다 보니 대학 입시를 목표로 하는 학생들이나 취업을 목표로 학생들 모두 단 하나뿐인 영월 공업 고등학교에 유학 왔었다. 하지만 영월 공고는 실업계 학교라서 실습 위주의 기계와 실업에 관련된 과목을 주로 배우고 있었기 때문에 졸업하면 대부분 취업하는 구조였다. 당시 시골에서는 과외라는 것도 몰랐고 영어 공부를 하고 싶어도 실업계 학교에는 제대로 된 영어 책 하나 없었다. 참고서를 살 수 있는 서점도 영월에 하나밖에 없었는데 그마저도 제대로 구색을 갖춰 놓지 않았었다. 그러니 그러한 곳에서 영어에 관련된 책이라고는 '월간영어'라는 잡지가 다였던 시절에 그래도 영어 공부에 조금이라도 의지가 있던 학생들은 선배들이 졸업하면서 물려주는 책을 받아서 공부했는데 그 책들은 어떠한 경로로 구했는지도 모르고 아주 오래돼서 너덜너덜한 헌 책들이었다. 그 시대 시골에서는 누구나 그랬듯이 필자 역시 대학 입시 공부는 안중에도 없고 힘 있는 음성 동아리 친구들과 어울려 놀러 다니기에 바빴었다.

그러던 어느 날.

동아리 친구들과 함께 경포대로 캠핑을 갔다. 우리는 바다 가까운 모래밭에 텐트를 치고 야영 준비를 하고 있었는데 그 경포대 주변 상가에서 나온 젊은 친구들이 텐트에 대한 권리 주장을 하면서 시비를 걸어왔다. 지금 와서 생각해보면 바닷가에서 텐트를 빌려주고 돈을 받는 그런 사람들이었는데 모르는 무리가 마음대로 들어와서 텐트를 치고 야영 준비를 하고 있으니 당연히 나가라고 할 수밖에 없었던 것 같다. 하지만 그들의 나가라는 말을 동아리 친구들이 순순하게 들을 리가 없었다. 급기야는 그 친구들과 우리 동아리 친구들과의 시비가 일명 패싸움이 되었다. 결과는 우리 친구들이 이겼지만, 필자는 그때 처음으로 학생의 신분을 망각하고 있다는 자책감이 들기 시작했었다.

바로 그때 우리 바로 옆에서 떠들면서 텐트를 치고 있는 사람들을 보게 되었다. 필자와 또래로 보이는 남자들이 인민복 같은 제복을 입은 걸 보니 대학생인 것 같은데 기타도 들고 있고 여학생들도 함께 놀러 왔다. 당시 대학생들은 그런 인민복 같은 제복을 입고 다녔던 거로 기억하는데 가슴에 달린 대학교 배지(badge)를 보는 순간 머리를 한 대 얻어맞은 듯 충격이 오면서 심장이 뛰기 시작했다. 남학생들의 배지(badge)는 촌사람도 다 아는 서울 대학교였고, 여학생들은 이화 여자대학교 학생들이었다. 소위 일류 대학 학생들끼리 함께 어울려 놀러 온 것이다. 그들은 다 함께 둘러앉아 기타 음에 맞춰 노래를 부르기 시작했다.

"조개껍질 묶어 그녀의 목에 걸고.....,"

필자는 그들의 먼발치에 서서 담배를 피워 물었다. 그리고 즐겁게 노래를 부르는 그네들을 하염없이 바라보았다. 순간 끓어오르는 무언가를 억누르느라 술 한 모금을 목으로 넘기며 생각했다. '하..,참. 저들에겐 저런 낭만이 있는데 난 이게 뭐야!'

필자는 그날 그곳에서 같은 또래들에게 느껴졌던 그들만의 전혀 다른 삶이 주는 당혹함에 큰 충격을 받았다. 필자가 주변 친구들의 돈을 갈취하거나 하는 일을 직접 한 건 아니지만, 돈도 뺏고 때리기도 하는 그런 반 폭력 동아리 안에 속해져 있다는 것만으로도 한심하게 느껴지는 순간이었다. 그래서 결심했다.

'나도 대학에 가야겠다!'

필자는 학교 연대장이었기 때문에 새벽 6시까지 학교에 가서 아침 조회 준비를 해야 했고 학교 수업을 마치고 집에 오면 동아리 친구들이 어김없이 불러내기 때문에 집에 붙어 있을 수가 없었다. 아무리 동아리 내에서 필자의 주먹이 우세하고 학교에서 연대장을 맡고 있다고 해도 만약 필자가 대학 입시 공부를 한답시고 동아리 모임에 나가지 않는다면 동아리에서 가만둘 리가 없을 것이라는 생각이 들었다. 그래서 아무도 모르게 혼자 조용히 입시 공부를 해야겠다고 결심을 했다.

필자는 일과를 모두 마치고 집에 들어오는 시간이 매일 밤 10시 경이었는데 별도로 공부할 시간이 없었으니 그때부터 공부를 시작하여 새벽 4시~5시까지 이를 악물고 집중을 해야만 했다. 그렇게 하루에 한두 시간 정도밖에 못 자면서 대학 입시를 준비했지만 누구 하나 입시에 대한 정보를 주는 사람도 없고 입시 공부를 어디서부터 어떻게 해야 하는지도 몰라 갈팡질팡하고 있을 때 마침 서울에서 대학을 나온 둘째 매형이 입시 문제집을 구해 주었다. 하지만 공업 고등학교에서 실업계 과목을 주로 배우고 공부했던 필자는 '산 넘어 산'이라는 말을 실감이라도 하듯 그 문제집은 더 어려워 문제와 답을 달달 외우는 방법 외에 달리 공부하는 방법을 몰라 무작정 외우고 또 외웠고 드디어 예비고사를 치르게 되었다.

1974년, 필자가 대학 입시를 치르던 해가 '예비고사'를 처음 시행했던 해였다. 그래도 그렇게 고생을 한 보람이 있었는지 예비고사에 합격하고 그 기운에 힘을 입어 예전에 바닷가에서 봤던 그 남학생을 떠올리며 과감하게 서울 대학교에 지원해서 시험을 봤었는데 그곳은 무리였는지 보기 좋게 낙방했다. 그리고 그다음 지원 한 곳이 필자의 모교인 국민 대학교였고 합격의 소식이 왔을 땐 하늘을 날고 싶을 만큼 기뻤다. 그 덕분에 필자는 서울로 입성해야 했으니 자연스럽게 불량 동아리에 나갈 수 없는 몸이 되었고 불량 학생에서 모범 학생으로 첫걸음을 내딛게 되었다.

그 길이 '서울행'이었다.

국민 대학교 무도시범단_중간 격파시범 : 필자

맨좌측 : 필자

Chapter3.

서울 입성, 그리고 청와대

임 명 장

서 준 석

경호사(4급을류)에 임함

1980년 7월 14일

대통령경호실장

5. 인생의 전환점

조폭이 장학생 되다

영월 공고를 같은 해에 졸업한 친구들 중에 예비고사를 치른 사람도, 대학에 합격한 사람도 필자 한 사람밖에 없었다. 요즘 같으면 영월 시내 곳곳마다 장하다고 프랜카드도 붙여 주고 했겠지만, 그 당시에는 학교 게시판에 겨우 도화지만 한 크기의 종이에 '서준석 예비고사 합격'이라고 써 붙였던 것이 다였다.

예비고사 합격의 기쁨도 잠시, 서울 대학교 불합격 소식을 듣고 실의에 빠져 있을 때였다. 유일하게 입시 공부에 도움을 주셨던 작은 매형이 진심 어린 걱정을 해 주셨다.

"처남은 태권도 유단자 중에서도 최상급에 속하니까 체육학과를 가는 것이 좋을 것 같다. 학교를 좀 낮춰서 특기를 살려 지원하면 합격할 수 있을 것이다." 그렇게 필자는 작은 매형의 권유로 국민 대학교에 지원하여 시험을 치르게 되었다.

시험 당일. 국민대학교 초입부터 ** 고등학교, XX 학원, OO 학원, 등등 'OO 동문에서 환영한다!' 라고 쓰여 있는 프랜카드들이 수없이 붙어 있고 그 옆에 모여 꽹과리를 치고 응원을 하고 있었다. 필자는 생각하지도 못한 광경들에 주눅이 잔뜩 들었던 기억이 지금도 새롭다. 그리고 입학해서도 그들은 또 그들끼리 동아리를 만들고 어울리는 것을 보며 필자는 외톨이가 되어갔던 것이다.

필자는 공업 고등학교를 졸업했으니 당연히 공대 쪽으로 가고 싶었지만 사실 고교 시절엔 공부보다는 운동을 더 많이 하느라 공부에 소홀하여 실력을 발휘할 수 있는 학과를 선택한 것이 '체육학과'였다. 그리고 당시 이미 태권도 공인 4단이라 대학 시절에 무도 부장도 할 수 있어 나름으로 어렵지 않게 대학교 생활에 적응하고 있었는데 과거에 겨우 빠져나왔나 싶었던 음성 동아리가 대학교에도 존재하고 있을 줄은 꿈에도 몰랐다는 것이 문제였다. 필자는 단지 '산악부'라는 동아리에 가입했을 뿐인데 산악부 선배들이 학적부를 통해 신입생의 신상까지 파악하는가 싶더니 일정한 합격선(Cut line)을 정해두고 신입생 선발을 하는 것이 느껴졌다. 아니나 다를까, 필자가 그 합격선 안에 들었는지 신입 부원으로 받아들여졌고 그 선배들을 따라다니며 명동이라는 곳에서 밥과 술도 얻어먹었는데 필자에겐 난생처음 황홀한 경험이었다. '산악회'는 국정원 감찰 계에 선배가 있다고 할 정도로 배경이 좋은 사람들로 구성되어 있었고 그만큼 선배들의 성적 또한 모두 상위권이었던 것으로 기억한다. 필자는 그 동아리에 가입하면서부터 다시 한 번 좌절을 겪어야만 했다. 그 동아리는 정치하는 분들과 어떠한 관계로 엮어져 있으며 무슨 목적으로 움직여지고 있는지는 전혀 알 수 없었으나 그 당시 혜화동과 안국동 등 신민 당사를 점거하는 일들에 일명 '각목 부대'라고 불리는 행동책으로 동원되기도 했었는데 지금 생각하면 대학교 내 동아리가 왜 그런 곳에 다니게 되었는지조차 이해가 되지 않지만 그런 곳에 한번 다녀오면 밥과 술을 실컷 먹게 해주는 선배들이 배후에 있다는 것 말고는 아는 것이 없어 막연하게 따라 다닌것이다. 그때 필자는 생각했다.

'내가 시골에서 이런 거 하기 싫어서 서울 와서 공부만 열심히 해서 뭔가 해 보려고 했는데 이제는 불려 다녀야 하는 폭력 동아리에 있어야 하는가...?' 하지만 가입하면서 선배들이 동다리에 대해 무슨 각서 같은 것을 쓰게 했기 때문에 탈퇴가 어렵다는 것을 알고 있었다.

무엇인지 알 수는 없었지만, 학교에서는 그런 것들이 학교와 무슨 관계가 있는 것처럼 알고도 묵인해 주는 것 같은 느낌이 들었었다. 그렇게 동아리 선배들이 조직폭력배들과 연결이 되어 있어 후배들은 아무것도 모르고 따라만 다녔고 그러다 보니 정치적인 패싸움에 자주 휘 말리게 되는 것이 정말이지 죽을 만큼

싫었었다. 지금은 없어졌지만, 예전 중앙극장이었던 뒷골목에 튀김 장사들이 즐비하여 '튀김 골목'으로 유명했었는데 그 튀김 골목 안에 당구장 하나를 아지트로 두고 그 조직이 명동을 장악하고 있을 때 호남 출신 보스가 또 하나의 조직을 만들면서 패가 나뉘게 되었다고 한다. 우리 동아리는 그 명동 파의 각목 부대로 불려 다니고 싸움이 시작되면 적당히 싸우다 각자 흩어진다. 그리고 명동 뒤쪽에 있는 은행연합회 앞에서 다시 집결하여 그 날의 회포를 풀 수 있는 술집으로 함께 이동하곤 했다. 필자는 아무리 다녀도 끝이 보이지 않는 그들의 무지막지 한 싸움이 끔찍하기만 했다. 한참을 싸우다가 동료들은 흩어지고 혼자가 돼서 구석으로 몰린다. 그 '공포'가 필자로 하여금 살아남는 방법을 터득하게 하였다. 벽에 밀착해 딱 붙어 서 있으면 그들이 무기로 쓰는 야구 방망이도, 자전거 체인 같은 것들도 방어벽 삼아 어느 정도 피할 수 있기 때문이다. 그러다 더 이상 버틸 수 없게 되면 2층으로 올라가 따라 올라오는 상대방 조직 들을 하나씩 아래로 밀어 버리고 2층 유리창을 통해 도망쳐 나올 수밖에 없는 위험 한 일들도 부지기수였다.

영월에서 갖은 고생을 다 하면서 어렵게 공부해서 겨우 서울의 대학교에 입학했는데 1학년이 다 가도록 동아리 선배들이 부르면 마다할 용기가 없어 그런 곳들에 끌려다니기만 한 것이다. 그렇게 시간이 지나면 지날수록 한 편의 드라마 같은 조폭들의 생활을 보면서 그 안에서 헤어 나오지 못하고 있다는 것을 생각하니 견딜 수 없는 자책감이 밀려들었다. 고향에서도 불량 학생들과 함께했던 시간들이 싫어서 죽기 살기로 공부했다. 그래서 서울에 왔고 어엿한 대학생이 되었는데 또다시 대학교 '동아리'라는 이름으로 이루어진 조직폭력배들에게 끌려다니는 자신이 어처구니없고 이대로 계속 가다가는 아무것도 할 수 없을 것만 같았다. 그러한 자괴감이 밀려들기 시작하면서부터 필자는 용기를 내어 점차 그들을 피하기 시작했고 처음 서울에 올라올 때의 각오로 다시 머리를 싸매고 공부를 시작했다. 그 결과 2학년 때부터 4학년 때까지 3년 동안 장학금을 받는 장학생으로 거듭날 수 있었다.

第 [illegible]1223 號 **獎學證書**

體育 學科 4 學年

姓名 徐準錫

1. 獎學種類 [illegible]
2. 獎學金支給額 五萬[illegible] 整

(支給額內譯: 一時支給額　　　　, 月定支給額　　　　)

위와 같이 1977年度 第1學期 獎學生으로 選定되었기 獎學金과 本證書를 授與함

1977年 3月 10日

國民大學長 法學博士 李癸錫

필자의 장학증서

학교를 위해 농구선수를 납치 하다

필자의 모교인 국민 대학교는 1946년 9월에 대한민국 임시 정부의 정신을 계승하여, 독립 국가에 필요한 인재를 육성한다는 건국이념으로 세워진 사립학교다. 지금은 국민 대학교 농구부가 있었다는 사실을 아는 사람조차 거의 없지만 한때 '강호'로 불리기도 했던 농구 대잔치 대학부 창립멤버 6개 대학교(고려대, 연세대, 한양대, 경희대, 단국대, 국민대) 중 한 곳이었다.

1995년 10월. 연세 대학교와의 경기를 마지막으로 대학 농구 예선에서 탈락되면서 대학 1부 리그에서 사라졌다. 국민 대학교 농구부는 창단 2년 만에 연세 대학교와 추계 대학 농구 연맹전에서 공동 우승을 하는 등 화려했던 '국민 대 농구의 추억 22년 역사'를 끝으로 막을 내리게 되었다.

필자가 학교 폭력 동아리에 휘말려 다니고 있을 무렵이었던 때가 우리 학교가 대학부 농구 대 잔치에 한창 열을 올리고 있었던 시기이기도 했었다. 하지만 우수한 선수 자원들은 연. 고대에서 미리 스카우트하여 늘 우승을 차지했었고 우리 학교 농구부는 어쩌다 한번 우승을 하고는 늘 3, 4위에 머물러 농구부의 사기가 오르지 않고 있었다.

그러던 어느 날, 학교의 높은 분이 필자를 포함 한 동아리 친구들 몇 명을 비밀리에 불러 자신이 타고 다니던 승용차와 당시 한 학기 등록금 보다 더 많은 돈을 내주면서,
"너희들에게 내 차를 내줄 테니 XX로 가서 모 농구 코치를 만나라. 그리고 내년도 졸업 예정인 고등학교 3학년 학생 중에 가장 농구를 잘 한다는 임 XX라는 선수를 스카우트해라." 그래서 그분이 알려 준대로 모 농구 코치를 만났더니 임XX 선수는 이미 경희 대학교에 입학 예정이라 데리고 올 수가 없다고 했다. 심지어는 그 선수를 다른 학교에서 납치라도 해 갈까 봐 경희대학교에서 그 선수를 미리 농구부 숙소에 데려다 놓고 감시까지 하고 있다는 정보를 들을 수 있었다.

우리는 그 말을 듣자마자 경희대학교 농구부 숙소로 가서 동태를 살폈는데 경희대학교 농구부 선수들이 그 학생을 에워싸고 그 선수의 동선을 따라 함께 이동하며 보호하고 있어서 어떻게 접촉할 방법이 없어 보였다. 하지만 포기할 우리들이 아니었다. 멀리서 그 학생의 움직임을 주시하며 지키고 있는데 마침 농구부 선수들이 임 선수만 숙소에 남겨 두고 이동하고 있었다. 기회는 이때다 싶어 그들의 숙소로 들어갔는데 임 선수가 안 보여 구석구석 뒤지다 보니 벽장 안에 숨어 있는 것이었다. 아마도 우리가 밖에서 임 선수를 노리고 있는 것을 알았는지 벽장 안에 숨어 있으라고 했던 모양이었다. 당시만 해도 고3 학생들은 본

인이 직접 진로를 결정하는 것이 아니라 먼저 스카우트한 대학교에 가서 훈련 먼저 하고 나중에 예비고사를 치르는 '선 훈련 후 지원 방식'으로 입학했던 것으로 기억한다.

겁에 질린 얼굴로 벽장 안에 숨어 있던 임 선수를 그분의 차에 태우고 국민 대학교 농구부 숙소에 데려다주는 것으로 우리에게 내려진 특명을 해냈던 것이다. 그러나 경희대학교 농구부에서 그 선수를 빼앗기고 가만히 있을 리가 없었다. 일주일 만에 경희대학교 농구부 선수들이 찾아와 그 학생을 같은 방법으로 빼앗아 갔다고 하는 것이었다.

그분이 우리를 다시 불렀다.
"너희들도 알다시피 임 선수를 빼앗겼다. 다시 임 선수를 데리고 와라!!"
그렇게 어렵게 우리 학교로 데려다 놓았는데 우리 학교 농구부에서 임 선수를 잘 데리고 있지 못하여 다시 경희대학교로 돌아갔다는 것도 기가 막혔지만 다시 임 선수를 데리고 오라는 것은 더욱 난감한 일이 아닐 수 없었다. 하지만 그렇게 하는 것이 학교를 위한 길이라고 생각했기 때문에 또다시 경희대학교 농구부로 가서 호시탐탐 기회를 엿보았지만 한번 임 선수를 빼앗겼던 경희대학교 농구부는 좀처럼 비집고 들어갈 틈새를 주지 않았다. 우리는 어쩔 수 없이 작전을 바꿨다.

그 해 예비고사 당일.

임 선수가 우리 학교에서 그리 멀지 않은 청운 중학교에서 예비고사를 보고 있다는 정보를 입수하고 두 명의 친구와 함께 예비 고사장으로 향했다. 필자는 예비고사가 거의 끝날 무렵 청운 중학교 후문 쪽에 차를 대기시킨 후에 같이 간 두 명의 친구들에게 말했다.

“내가 데리고 나올게. 여기서 대기하고 있어.”

그리고 청운 중학교 담장을 훌쩍 넘어 들었다. 담을 넘어 발이 땅에 닿는 순간 마치 기다렸다는 듯이 필자의 목에 차가운 총구를 들이대는 사람들이 있었다.

‘아’ 소리도 내지 못할 만큼 놀라 정신이 없는데 두 사람이 달려들어 필자의 양쪽 팔을 잡더니 청운 중학교 내에 많은 경찰 인력들이 모여 있는 곳으로 데리고 갔다.

‘대체 무슨 일이지?’ 속으로만 그렇게 생각을 하면서 숨을 죽이고 있는데 알고 보니 故박 대통령의 아들이 그날 그 장소에서 예비고사를 치르고 있다는 것이었다. 그래서 청와대 경호관들과 경찰들이 청운 중학교 내외를 에워싸고 경호하고 있었는데 우리들은 그것도 모른 채 그 시간에 그 학교 담장을 넘었으니 혹시나 대통령의 아들을 해하려고 들어온 사람인 줄 알고 잡아 왔던 것이었다.

“너 여기 들어온 목적이 뭐야?”

마치 간첩 다루듯이 다그치는 무서운 그 상황에서 살아 나가려면 사실대로 이야기할 수밖에 없었다. 그래서 상황을 이야기하고 학교를 위해 농구선수 임XX 선수를 데리고 가기 위해 들어왔다고 말을 하자 그들은 정말로 임 선수가 그곳에서 시험 보고 있는 것을 확인 한 후에 당시 학생처장이었던 박XX님이 나서서 필자의 신원이 국민대학교 학생이라는 것을 보증해 주고서야 풀어 주었다.

필자가 안에서 그러고 있던 중에, 예비고사가 끝나고 경희 대학교 농구부가 학교 앞에서 기다리고 있다가 예비고사를 마치고 나오는 임 선수를 데리고 갔다는 것이다. 임 선수를 데리고 오려다 황당하고 무서운 일을 겪은 필자는 오기가 생겨서 경희 대학교로 들어가는 언덕에서 그들을 기다리고 있었다. 그 언덕은 눈이 조금만 와도 미끄러워서 리어카가 오르지 못할 정도로 가파른 곳이었는데 마침 그날도 살짝 눈이 와서 미끄러웠다. 아니나 다를까 예상대로 경희대학교 농구부는 차에서 내려 다 같이 차를 밀고 있었다. 그 선수들 사이로 임 선수가 보였다. 우리는 순식간에 그 언덕에서 힘으로 제압한 후 임 선수를 우리 차에 태우고 다시 국민대학교 농구부 숙소로 데려다주는데 성공했다. 그러나 아무리 좋은 물건을 갖다 주어도 관리를 못 하는 사람들이라면 그 물건을 가질 자격이 없다고 생각한다. 그렇게 어렵게 두 번씩이나 임 선수를 데려다주었는데도 우리 학교 농구부 선수들은 또다시 경희대학교 농구부에 임 선수를 빼앗겼다고 했다. 그뿐만 아니라 앙심을 품은 경희대학교 농구부 선수들이 그 학교 운동부를 총동원해서 우리 학교 농구부 선수들에게 보복까지 했다는 말을 전해 들었다. 필자는 임 선수를 두 번이나 빼앗긴 무능한 우리 학교 농구부에 화가 나서 두 번 다시 임 선수를 데려다주지 않았다. 그런데 이상한 것은 무슨 일이 있었는지 모르지만 그렇게 유망주라고 서로 스카우트하려고 했던 임 선수였는데 그날 이후 경희 대학교 경기뿐만 아니라 어떤 농구 대회에서도 두 번 다시 볼 수가 없었다.

지금 생각해 보면 필자는 그때 임 선수를 데리러 청운 중학교에 들어가서 청와대 경호관에게 받았던 그 충격으로 이미 '청와대'라는 인생의 길을 이미 좌표로 정했었던 것 같다.

나는 정말 데모꾼이 아니었다

1970년대에는 대부분의 대학교에서 반정부 시위를 하던 시기였다. 사실 지금에 와서 생각해 보면 한국 전쟁 직 후에 유엔군의 희생으로 우방국인 미군의 도움을 받고 있었을 그때 누가 대통령을 하고 있었더라도 국가 재건사업에 온 힘을 기울였을 것이다. 당시 故박 대통령 역시 조국 근대화에 앞장서 한국의 경제성장을 주도한다는 명목으로 포철 사업과 고속도로 건설 등에 치중을 하고 있었고 대일 청구권 자금을 받아 그 자금마저 국가의 재건을 위해 호텔과 백화점을 건설하였다고 하여 효율적으로 사용하지 못했다고 비난하던 시절이었다. 필자는 그때 당시에는 정부 세력들이 각 대학별로 장악하고 있으면서 재학생들에게 지시하는 대로 데모꾼으로 나서 따라다녔을 뿐 그러한 내용에 대해선 아무것도 몰랐었다. 다만, 공부하는 시간에 데모하게 되면 휴교를 하게 되고 노는 날도 많아지게 되다 보니 데모대 뒤에서서 열심히 소리를 지르며 따라다녔었다.

늘 그렇듯이 데모하는 무리의 모습을 정보 담당 형사가 학교 뒷산 기슭 입구에서 VTR로 촬영하고 있는 줄도 모르고 맨 뒤에서서 '워.워.워' 소리치며 몰고 다녔었는데 어떻게 하다 보니 앞에 섰던 학생들은 모두 온데간데없고 필자가 맨 앞에 서서 데모

대의 앞잡이처럼 보였다. 그렇게 찍힌 VTR 영상으로 데모한 사람들의 신원을 모두 파악한 정보부에서 한 사람씩 불러들여 취조하기 시작했는데 필자 역시 예외가 아니었다. 우리 학교 담당 정보 형사가 필자를 불렀다.

"당신은 이런 데모 대열에서 데모할 사람이 아닌 것 같은 데. 학업성적도 우수한 사람이 대체 왜 데모를 하고 있었나? 조직에는 어떻게 가담하게 되었느냐?"라고 물어보는 말에,

"그런거 저는 전혀 모릅니다. 그냥 데모하는 것이 재미있어서 뒤에 서 있었는데 앞으로 떠밀려서 그렇게 된 겁니다."
라고 대답했다. 그 정보 형사는 필자의 얼굴을 찬찬히 살피더니 거짓말하고 있지 않다고 판단을 하였는지,

"앞으로 데모하는 곳에 절대 가지 마라. 이번 한 번만 당신을 믿고 봐 준다. 이 동영상도 다 삭제할 테니 약속을 지켜라." 하면서 가라고 했다. 필자는 그 무렵 ROTC에 지원해 놓은 상태여서 데모한 이력 때문에 군 입대에 문제가 생길까 봐 조마조마하고 있다가 구세주를 만난 것보다 더 기뻤다.

"감사합니다. 정말 감사합니다." 몇 번이나 거듭 인사를 했는지 모른다. 그리고 그곳을 나온 이후엔 두 번 다시 데모에 가담하지 않았다.

원수를 외나무다리에서 만난다고 했는데 필자가 무사히 군 복무를 마치고 청와대에 입성한 후 외부 선발대장으로 경호 근무

를 나갔을 때 '원수'가 아닌 그 '은인'과 우연히 만나게 되었다. 각 부처의 기관장들과 회의를 마치고 돌아서는데 어디서 많이 본 듯한 사람이 필자를 향해 씨-익 웃는다. 순간 누군지 금방 알아보지 못하고 속으로 '누굴까? 어디서 많이 본 사람인데....' 라고 생각하면서 가까이 다가섰다.

"혹시, 저 아시죠..?" 라고 물어봤더니,

"예, 예전에 학교 정보 형사였습니다." 라고 하는 말에 어찌나 반갑던지 회의를 마치자마자 필자의 방으로 정중히 모셨다. 그 정보 형사는 가까이서 보니 그때 당시에 계급이 경장이었는데 경사가 되어 있었다.

필자는 그 형사에게 단도직입적으로 물었다.

"예전에 당신께 내가 도움을 받았으니 이번에는 내가 당신께 도움을 드릴 차례입니다. 혹시 지금이라도 내가 도와줄 일이 있습니까?"라고 물었더니 그 형사는 다른 곳으로 자리 이동을 하고 싶다고 대답했다. 필자는 지금이야말로 은혜를 갚을 기회다 싶어 그 형사가 근무할 수 있는 자리를 알아보니 '감찰계장'이라는 자리가 있다고 하여 그 자리에 추천했다. 하지만 필자가 추천한 자리는 '경사'를 인사 발령 낼 수 없는 자리라 하여 난감해하고 있었는데 형사가 청와대에 입성하게 되면 한 계급 승진하는 제도가 있다는 것을 알게 되었다. 그래서 필자는 그 형사를 청와대 소속형사로 추천하게 되었고 필자의 추천 덕분에 '경위'로 한 계급 승진되어 앞서 필자가 추천한 자리로 갈 수 있었다.

'저는 데모꾼이 아닙니다.' 라고 말했을 때 믿어 주고 상대가 가장 절실할 때 남을 배려할 줄 알았던 그 형사에게 늘 잊지 못하고 있었던 고마움에 대한 보답으로 뒤늦게라도 도움을 줄 수 있게 되어 더욱 감사했다.

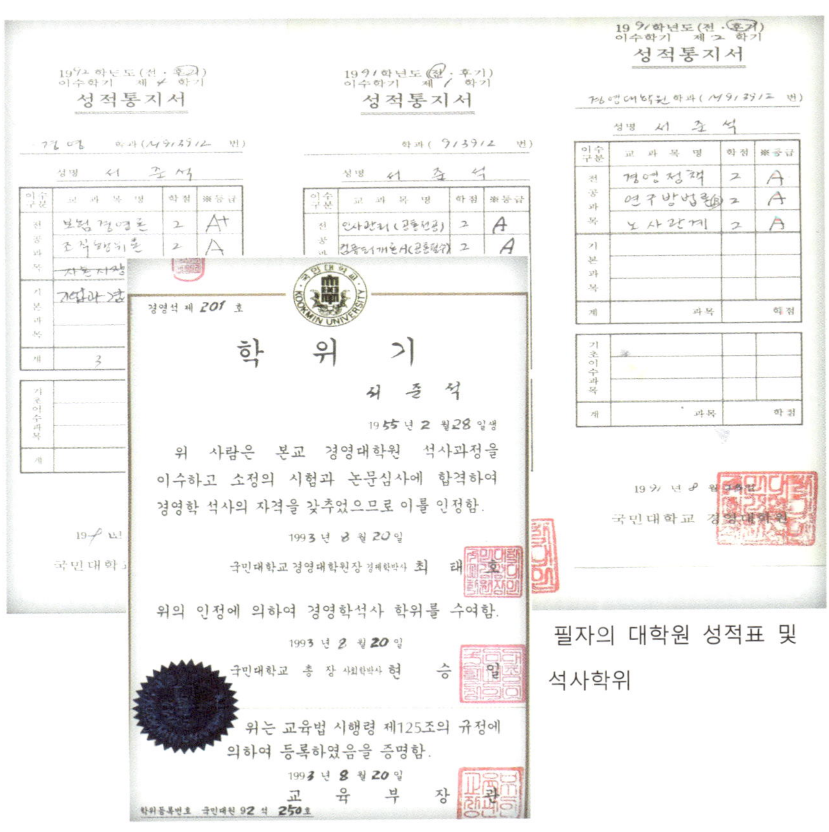

경영석 제 201 호

학 위 기

서 준 석

1955 년 2 월 28 일생

위 사람은 본교 경영대학원 석사과정을 이수하고 소정의 시험과 논문심사에 합격하여 경영학 석사의 자격을 갖추었으므로 이를 인정함.

1993 년 8 월 20 일

국민대학교 경영대학원장 경제학박사 최 태 호

위의 인정에 의하여 경영학석사 학위를 수여함.

1993 년 8 월 20 일

국민대학교 총 장 사회학박사 현 승 일

위는 교육법 시행령 제125조의 규정에 의하여 등록하였음을 증명함.

1993 년 8 월 20 일

교 육 부 장 관

학위등록번호 국민대원 92 석 250호

1991학년도 (전·후기) 이수학기 제2학기

성적통지서

경영대학원 학과 (M913912 번)

성명 서 준 석

이수구분	교 과 목 명	학점	※등급
전공과목	경영정책	2	A
	연구방법론	2	A
	노사관계	2	A

국민대학교 경영대학원

필자의 대학원 성적표 및 석사학위

사단 항공기를 타고 날다

필자는 대한민국 ROTC 16기로 임관하여 2사단에서 보병 소대장으로, 유격 교관, 그리고 사단 유격 대장으로 복무하면서 유격 교관으로 활약했었다.
그와 더불어 필자는 사령부 외각을 지키던 경비 소대장으로 있으면서 사단의 스케이트 선수로도 활약하며 태권도 감독도 겸임하였다.

그 무렵 원주 1군 사령부 내서 진행되었던 육군 참모 총장 배 태권도 경연 대회가 열렸다. 태권도 경연 순서는 첫 번째 겨루기 두 번째 벽돌 격파 세 번째 태권도 품새 순으로 이어졌다. 그 대회에 참여 한 우리 2사단 태권도 시범단은 모든 경기에 참가하여 겨루기, 격파, 품새까지 모두 1등을 휩쓸었다.

위 경연 대회에서 2사단이 모든 부문에서 우승하자 우승을 축하해 주기 위해 4성 장군들만 타고 다닌다는 빨간 성판이 눈부신 참모 총장님의 지프차가 서울에서 내려오고 그 지역 전 부대들의 행렬이 양엽 대열로 줄을 서 원주에서 양구까지 카_퍼레이드를 펼치며 축하 박수를 받는 영광을 누렸었다. 그리고 필자는 사단장의 배웅을 받으며 양구에서 신촌리 비행장까지 사단장 전

용기 'O-1'을 타고 떠나는 꿈같은 특혜와 영광을 안고 서울로 휴가를 떠나는 주인공이 되었었다.

포항에서 직장 생활을 하고 있던 그녀가 늘 강원도 양구까지 면회를 오거나 필자가 포항까지 내려가야만 서로 만날 수 있었던 우리는 그 휴가 덕분에 서울에서 만나 데이트를 하며 행복한 시간을 보낼 수 있었다.

보병2사단_태권도선수단_뒷줄 좌4번째 붉은 옷: 필자

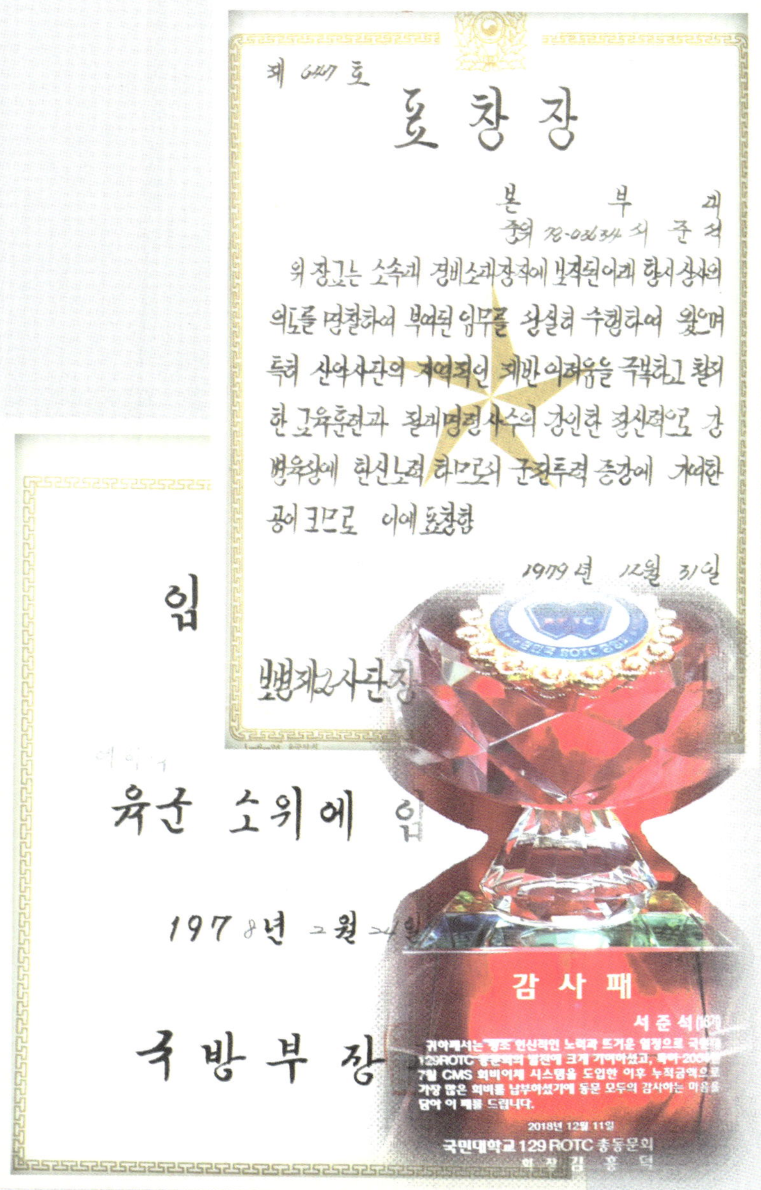

제 6447 호

표 창 장

본부대
중위 78-03634 서 준 석

위 장교는 소속대 경비소대장직에 보직된 이래 항시 상사의 의도를 명찰하여 부여된 임무를 성실히 수행하여 왔으며 특히 산악사단의 지역적인 제반 어려움을 극복하고 활기한 교육훈련과 철저한 명령사수의 강인한 정신력으로 강병육성에 헌신노력 하므로서 군전투력 증강에 기여한 공이 크므로 이에 표창함

1979년 12월 31일

보병제22사단장

임

육군 소위에 임

1978년 2월 24일

국방부장

감 사 패

서 준 석

귀하께서는 평소 헌신적인 노력과 뜨거운 열정으로 국민대 129ROTC 총동문회의 발전에 크게 기여하셨고, 특히 200 7월 CMS 회비이체 시스템을 도입한 이후 누적금액으로 가장 많은 회비를 납부하셨기에 동문 모두의 감사하는 마음을 담아 이 패를 드립니다.

2018년 12월 11일

국민대학교 129 ROTC 총동문회
회장 김 홍 덕

보병2사단_태권도선수단 현재의 모습_정중앙 : 필자[부부동반]

좌(앞줄)에서 3번째 : 필자

6. 대통령 경호관

나의 첫 직장은 청와대였다

학군 전역을 겨우 2주 남겨 놓았을 무렵 필자는 육군 2사단 경비 소대장으로 복무 중이었다. 그 시기엔 오로지 향후 직업 선택에 대한 고뇌(苦惱)로 다른 생각을 할 여유조차 없었을 때였다. 모 신문에서 정부 충무 요원 선발에 대한 공고를 보게 되었는데 그 대상자가 육. 해. 공군의 전역 장교 중 지휘관이 추천하는 자에 한한다는 내용이었다.

필자는 대학생 시절에 농구 선수를 스카우트하려고 모 중학교 담장을 넘었다가 마침 그곳에서 예비고사를 치르고 있었던 대통령의 아들을 음해하려던 사람으로 오인되어 청와대 경호관들에게 곤욕을 치렀던 일을 상기해 보면서 군에서 필자가 맡은 보직이 그와 유사한 일을 하고 있고 적성에도 맞을 것 같다는 생각에 도전해 보고 싶다는 생각을 하게 되었다.

그러던 어느 날 전 군수 사령관이었던 참모장 최 대령으로부터 호출을 받았다.

"서 중위 내 방으로 오시오."

필자는 그 순간, 참모장이 직접 부른다는 것은 혹시 무슨 큰 일이 난건 아닌지 바짝 긴장이 되면서, '전역이 코앞인데 무슨 일일까?' 걱정부터 앞서니 내심 초조한 마음으로 한달음에 달려갔다. 그런데 막상 최 대령은 필자를 마주하자마자 경례는 형식적으로 받는 둥 마는 둥 하고는 대뜸 한다는 말이,

"여기 앉으시오. 서 중위. 앞으로는 만나기 어렵겠군! 혹시라도 만날 일이 있을 때는 잘 좀 챙겨줘." 라고 하는 것이다.

무슨 일이 있는 줄 알고 헐레벌떡 뛰어 가 숨도 채 고르지 못하고 있었던 필자는 전혀 다른 분위기에 영문도 모르고 바라만 보고 있었는데 잠시 후 휴가증을 내밀더니,

"명일 09:00 육군 본부 안내실에 대기하고 있으면 서 중위를 찾아 안내할 사람이 올 것이다. 자 늦지 않게 빨리 떠나라. 그리고 서 중위와 김 중위 2명이 2사단 대표로 가는 거다."

그 길로 양구 선착장으로 향하는 필자는 서울로 간다는 생각에 가슴이 뛰기 시작하였다.

낮과 밤은 수려하나 공상과 허구에 허덕이며 긴 시간을 몰고 간다고 했다. 이윽고 해무 같은 안개가 자욱한 이른 새벽 육군 본부 안 내실에 도착했다. 그곳에는 전역을 앞둔 중위 계급의 동료들이 많이 모여 있었다. 그중 몇 명은 낯익은 전우도 있었다. 팽팽 한 긴장 속에서 잠시 몇몇 동료들과 군 생활에 대한

이야기를 나누게 되었을 때 대암산 부근의 펀치 볼 대 간첩 작전, 팀 스피리트 훈련, 동계 훈련, 태권도 경연 대회 등에 대한 공통된 대화 속에서 필자는 2사단에서 우승한 육군 참모 총장배 태권도 경연 대회에 대해서 특별히 감회가 깊어 열변을 토해 냈었다.

이윽고 잠시 술렁이던 주변이 조용해지고 키가 자그마하고 체구가 단단해 보이는 사람이 까만 선글라스를 쓰고 실내로 들어섰다. 그 사람은 까만 선글라스를 벗더니,

"지금부터 호명하는 자는 신속히 밖에 있는 차량에 승차하기 바랍니다." 중반쯤 호명이 지나자 필자의 이름이 불리고 밖으로 나갔더니 언제 도착했는지 유리창이 까맣게 선팅 된 버스 세 대가 출입구가 열린 채 나란히 서 있었다. 지정해 준 버스에 올라타려는 순간 버스 전면에 호랑이 세 마리가 포효하듯이 새겨진 광채 나는 원형 동판이 눈에 들어왔다. 거기엔 '대통령 경호실'이란 글씨가 선명하게 보였고 어쩐지 주눅이 드는 느낌을 받았었다. 버스에 올라 자리에 앉자 선팅이 되어 밖에서는 안 보이던 창이 차 안에서는 바깥이 시원하게 잘 보였다. 마지막으로 안내원의 인원 파악이 끝난 뒤 호명과 함께 우리를 버스에 타게 했던 까만 선글라스의 사람이 타자 버스는 출발하고 그 사람은,

"이 버스를 육군 본부에서 청와대까지 안내할 안OO 경호관입니다. 장교 분들께서는 지금부터 3일간 청와대에서 보고, 듣고,

느끼게 되는 사항들에 대하여 일체의 보안을 지켜야 한다." 라고 본인의 소개와 안내를 했다.

우리가 탄 버스 행렬은 이윽고 광화문을 지나 삼청동 길로 진입할 무렵에는 전 차량의 비상 등은 소멸된 채 청와대 안으로 조용히 안내되어 경호실 신관 지하 통로로 이동하여 4층 강당으로 모였다. 살벌하리만큼 조용한 가운데 모두들 눈으로만 주변을 살피고 있을 때 경호관이 준비해 온 유인 물을 배포하고 있었는데 바로 '보안 서약서'였다. 버스 안에서 들은 대로 청와대 안에서 보고, 듣고, 느낀 사항은 무덤까지 가져가야 한다는 내용이 쓰인 보안 서약서의 내용이 필자의 가슴을 뭉클하게 하였다. 보안 서약서를 쓰고 비로소 얼굴을 들어 주변을 둘러보니 제각기 다른 제복을 입은 육, 해, 공군의 장교들이 다 모여 있었다. 이들과 함께 시험장으로 안내되었다. 시험의 순서는 가장 먼저 체력테스트부터 시작하여 무도 테스트, I.Q. 테스트를 거쳐 논문 시험과 영어, 국사 시험을 보았다. 그다음 신체검사와 면접으로 이어지는데 어지간한 고시보다 어려운 시험이었던 것 같다. 또 이 모든 관문을 통과한다 해도 마지막으로 신원 종합 판정에 합격해야 대통령 경호관으로 최종 합격할 수 있었다.

전 인원이 테스트를 받는 동안에는 단 몇 초도 한 눈을 팔 시간이 없을 정도로 치밀한 시간 계획안에서 움직여야 했다. 테스트 장소를 이동할 때마다 대통령 집무실이 궁금해서 둘러보았지만 큰 나무 들과 조경이 잘 된 숲에 가려 필자의 위치조차 파악하기 어려웠고 다음 장소에서 무엇을 하는지도 모르는 채로 따라다니기에 바빴고 가는 곳마다 출입구에는 헌병들과 경찰들이 꼿꼿이 서 있었는데 가끔씩 차량들이 들어오거나 나갈 때만 로봇처럼 움직일 뿐 눈동자조차 미동하지 않는 느낌이었다. 청와대 안에는 잘 정리된 화단에 철쭉꽃들과 사과나무도 있었다. 그리고 이름도 모를 많은 꽃나무들이 만개하여 그 꽃들을 바라보고 있노라면 청와대라는 중압감을 다소 해소 시켜 주는 느낌도 있었다.

각 시험 장소마다 감독 경호관이 안내하고 있었고 조금도 미숙함이 없이 매끄럽게 모든 것이 계획된 시간에 잘 마무리 되어갔다. 필자는 그곳에 있는 내내 대통령의 주변 사람들은 어떠한 사람들로 구성되어 있는지 궁금했지만 건물 밖을 오가는 사람조차 눈에 잘 띄질 않아서 모든 시선이 감시의 느낌을 주는 듯했다. 그리고 각 시험 장소로 이동하면서 느낀 것 중 하나는 출입통제선마다 직원들의 이름표 색상이 다르다는 것이었다. 청와대 직원을 표식 하는 것은 본인의 얼굴이 부착 된 각자 색상의 이름표가 전부였고 직원들의 인상은 하나같이 굳은 표정으로 묵묵하게 임무 수행 만 하는 느낌이었다. 필자는 그것을 보고 '이곳에선 이름표를 소중히 관리해야 될 것 같다.'라는 생각을 했었다. 또한 나무숲 사이로 보이는 철망은 이중, 삼중으로 둘러져 있었고 높이 솟아 있는 거미줄 같은 안테나는 통신 수단으로 최

첨단의 장비가 설치된 듯했지만 서울이라는 생각이 느껴지지 않을 정도로 청와대 공기는 신선하기만 했다.

모든 시험을 마치고 돌아오며 '청와대'라는 곳에 대해 생각해 보았다. 국민들이 보이지 않는 곳에서 대통령을 위해 조력하는 직원들의 노고를 칭송하고 싶었다. 음지에서 양지를 지양(止揚)하며 지내야 하는 사람들에게도 더욱 힘을 내라고 응원의 갈채를 보내야만 할 것 같다. 스스로의 마음을 잘 다스리는 사람을 내공이 깊은 사람이라고 했던 것 같다. 청와대에서 일하는 직원이라면 그 직원 한 사람만 내공이 깊은 사람으로 키워서는 안 될 것이라는 생각이 들었다. 그들의 가족들에게도 혼신의 힘을 모아 긍지와 자부심으로 국민을 대변하는 마음 자세와 대통령을 대변하는 마음가짐과 자긍심을 갖게 해주어야만 직원 개개인이 최상의 컨디션과 최고의 지혜를 창출하여 대통령을 보좌하며 수행하고 조력에 이르기까지 그릇 된 곳에 한눈을 돌리는 사례가 생겨나지 않을 것이라 믿어 의심치 않는다.

그로부터 얼마 후, 필자는 육 해 공군 전역 장교 500여 명 중 최종 12명을 선발하는 대통령 경호실 요원으로 합격했다는 통보를 받았다. 그리고 필자를 포함한 12명은 1년 동안 육군 종합 행정학교 유학 장교 반에서 위탁 교육 공수 훈련을 비롯해 엄청난 공부를 했던 기억이 난다. 그곳에서 1년 동안 봤던 책의 양을 말하라고 한다면 아마도 학창 시절 동안 했던 공부의 양 보다 더 많았던 것 같다. 학창 시절에 그렇게 공부를 했더라면 아마도 서울 대학교를 가고도 남았을 거란 생각을 했었다. 덕분에 장교로 군 복무를 마치고 단 하루의 쉬는 날도 없이 교육 후에는 곧바로 청와대 대통령 경호실로 출근을 하게 되었고, 그때부터 20여 년 동안 네 분의 대통령을 가장 가까이서 보필하게 되었다. 네 분의 대통은 각각 생각도 성향도 참 많이 달랐다.

어느 날 저녁.

여느 때와 마찬가지로 필자가 모시는 대통령께서 외부에서 주요 인사들과 저녁 만찬이 예정되어 있어 수행하게 되었다. 그리고 저녁 만찬이 한창 진행되고 있는 시간이었는데 대통령께서 갑자기 밖으로 나오셔서 집(청와대)에 가자고 하셨다. 영문을 몰랐지만 가자고 하시니까 모셔야 하는 의무에 급히 차를 대기하여 모셨다.

'만찬 하는 장소에서 무슨 일이 있으셨나?' 자택(청와대)에 거의 도착할 무렵까지 아무 말씀이 없으셔서 더 불안했지만 여쭤볼 수조차 없어 숨을 죽이고 있는데 갑자기 옆자리에 앉아 있던 필자의 상의 주머니에 손을 쑤욱 집어넣으셨다. 경호관의 무장 상태를 불시 점검하는 것 같은 긴장감에 순간 얼음이 되어 있었는데 차에서 내리시며 말씀하셨다.

"서군, 오늘 결혼기념일이지. 축하한다. 늦었지만 가족과 맛난 식사해라.” 당황해하는 필자를 뒤에 두고 대통령께서 들어가셨다. 그리고 주머니에 손을 넣어보니 두 번 곱게 접은 수표 한 장이 들어 있었다. 필자는 깜짝 놀라 그 수표를 펼쳐 보고 그 금액에 또 한 번 놀랬다. 결혼기념일 선물로 받기엔 과분 한 금액이라서 감히 사용하지 못하고 다음 날 봉투에 담아 대통령께 돌려 드리려고 했는데 한사코 받지 않으셨다. 오히려 인자 한 웃음과 함께 필자의 손에 다시 꼬옥 쥐어주셨다. 사실 그날 집에 들어갔더니 대통령께서 필자의 아내에게 케이크와 와인을 예쁘게 선물 포장하여 보내 주신 것을 보고 대통령께 대한 감동은 몇 곱절 더 컸었다. 그 후로도 당신의 경호관에게 따뜻하게 대해 주시는 대통령께 목숨을 던져서라도 보호해 드리고 싶은 충정이 절로 샘솟는 순간들을 많이 느꼈었다.

그와 상반되게 기억되는 날은 또 다른 대통령의 새벽 일정을 수행 중이었는데 그날이 마침 필자의 생일이었다. 대통령께서는 기억도 못 하셨지만 영부인께서 대신하여 필자의 생일날을 기억하시고 작은 금액의 수표 한 장을 필자의 손에 쥐어주었던 일도 있었다. 그리고 그 대통령께서는 바로 곁에 있는 경호관의 이름도 잘 알지 못했던 것 같다.

필자가 마지막으로 보필했던 대통령께선 지금은 이 세상 분이 아니지만 필자의 마음속에는 아직도 살아 계신다. 그분의 대선 준비를 하면서부터 만나게 되었는데, 그분의 가족이 외국에서 유학 중이었고 가족들이 정말 어렵게 지내신 것 같아서, 또 그 때는 그저 함께 자식을 키우는 부모의 마음으로 자녀 유학비에 조금이나마 도움을 드릴까 하여 소정의 금액을 드렸었는데 완강하게 거절을 하셨다. 그만큼 자기 관리가 철저한 분이었고 대선에서 당선되어 대통령이 되셨으나 수많은 고초와 조사 과정들에서 세상을 내려놓는 선택을 하신 데 대해 안타까움을 금치 못했었다.

그렇게 20여 년의 세월 동안 대통령 경호를 담당하면서 수많은 일이 있었지만 직접 보필하는 필자와 같은 마음가짐과 자긍심으로 늘 함께해준 필자의 아내가 있었기에 밖에서 보이지 않는 곳에서 나라 일을 하시는 대통령을 위해 조력하는 신분의 역할을 충실하게 해낼 수 있었다. 그래서 이제부터라도 필자에게 오는 모든 영광과 행복을 아내와 함께하고 싶다.

사람들은 잘 하는 사람들을 보면서
'잘하는 사람들은 원래 잘 한다.'고 말한다. 그렇지만 실상은, '이 세상에 피나는 노력 없이는 결코 좋은 과실이 맺어지지 않는 것이다.'

제 44960 호

수 료 증

주 소 서울특별시

성명 서 준 석

1955 년 2 월 28 일생

귀하는 80 년도 새마을교육 사회지도자반 소정의 과정을 마쳤으므로 이 수료증을 드립니다

1980 년 11 월 8 일

새마을지도자연수원

원장 김 준

제 467 호

수료증

소 속 학생연대

계 급 상호원 군 번

성 명 서 준 석 1955 년 2 월 28 일생

상기자는 장교 영어반 제 22 기 소정의 교육과정을 이수하였으므로 이에 수료증을 수여함

1985 년 4 월 4 일

육군종합행정학교장 소장 김 기 성

제 381 호 대한민국공군

항공생리교육훈련수료증

계급. 군번. 성명. 서 준 석

1955 년 2 월 28 일생

위의 사람은 소정의 공중근무자 항공생리 교육훈련 특수 과정을 이수 하였으므로 이 증서를 수여함.

1982 년 7 월 22 일

공군항공의학연구원

초내성훈련부장 공군소령 김 용 무

원 장 공군대령 한 광 수

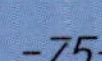

제 40 호

표 창 장

경 호 처

경호관 서준석

위는 평소 상사의 의도를 명찰하고 확고한 국가관과 투철한 책임감으로 맡은바 직무를 성실히 수행함으로써 타의 모범이 되었기 이에 표창함

1988

포 장 증

대통령경호실

경호관 서 준 석

근정포장

노 태 우

총무처장관 이

표 창 장

대통령경호실

경호관 서 준 석

귀하는 평소 맡은바 직무에 정려하여 왔으며 특히 경호업무 수행에 기여한 공이 크므로 이에 표창함

1986년 12월 17일

대통령 전 두 환

이증을 대통령 표창부에 기입함

총무처장관 정 관 용

수행 中_코리아나와 함께
_ 맨좌측 : 필자

청와대 작전부대 순시
_맨 우측 : 필자

제 5244호

사격휘장증

소총 마스타

소속 경 호 처

직급 경 호 관

성명 서 준 석

상기명은 두서와 같은 자격을 얻었으므로 사격규정에 의하여 마스타 휘장을 수여함

1991년 1월 31일

대통령경호실장

청와대

필자는 26세에 청와대에 입성하여 20여 년 동안 故최규하, 전두환, 노태우, 故김영삼 前대통령 네 분을 모시고 나왔다. 처음에 필자가 청와대에 근무한다고 하니 학창 시절 불량 동아리 친구들과 어울려 다니던 필자를 기억하는 주변의 사람들은 그동안의 어렵고 힘들었던 고난의 시간들은 알 수 없었으므로 청와대에서 일한다는 것만으로 색안경을 끼고 보는 듯 이상 한 눈빛을 보내오는 것을 느꼈었다. 하지만 그런 시선들은 그간의 고통에 비해서 아무것도 아니라는 생각으로 충분히 견뎌낼 수 있었고, 청와대에서 조직 생활을 시작하면서부터는 바깥의 시선을 신경 쓸 겨를도 없이 '산 넘어 산'이라는 말을 실감할 수 있었다.

청와대 경호실에 합격하여 입성한 사람들끼리 같은 연고이거나 같은 학교 출신 등으로 마치 보이지 않는 끈으로 단단히 묶어져 있는 느낌에 홀로 외톨이가 된 듯했다.

필자도 무엇인가 공감대를 가질 수 있는 '사람'이 그리워 같은 고향은 고사하고 강원도 근처 출신이라도 찾기 위해 노력했으나 지방이 고향인 사람은 필자의 주변에서는 단 한 사람도 찾을 수가 없었다.

그렇다고 기가 죽어 있을 수는 없었다.

그 누구보다 더욱 열심히 공부하고 부지런하게 솔선수범하면서 스스로의 자리를 구축해 나갔었다.

지금은 '현장체험 학습'이라는 제도로 청와대가 개방되어 있고 온라인으로 '국민청원' 방을 만들어 국민들과 소통의 방도 만들어 운영을 하고 있다지만 당시만 해도 아무나 드나들 수도 없고 내부의 소리도 들을 수 없는 높은 장벽 안의 대통령의 거처였다.

필자는 그런 청와대에 대한 이야기를 펼쳐 보려고 한다.

청와대가 자리 잡고 있는 경복궁 뒤뜰은 고려 시대부터 사람의 통행이 제한되던 금원이었다. 고려 숙종 때인 1102년 지금의 서울인 남경(南京)에 이궁(離宮)을 지었는데 바로 청와대 자리에 궁터를 잡았기 때문이다. 이태조가 서울에 천도할 마음을 먹고 권중화, 정도전 등에 궁터를 물색 시켰는데 그 답신이 남경(南京)의 이 궁터가 바로 지금의 청와대 터였음을 알게 해 주고 있다. 고려 숙종 때에 이룩한 궁궐터는 너무 비좁아 그 남쪽으로 넓은 터를 잡으니 들레 산들의 뭇 군용(群龍)이

"이 터를 향해 읍(揖)을 하고 있사온즉 면세(面勢)가 마땅함을 얻었사옵니다."라고 하여 경복궁의 후원이 된 후에도 궁장(宮墻)으로 두르고 동문(춘생문) 서문(추성문)을 내어 통했던 것을 금했던 곳이다.

지금 청와대 왼 편으로 대과의 과거를 치렀던 융 무당(隆武堂)이 동서로 서 있었는데 바로 이 문무의 광장이 고려 이궁(離宮)터로 추정되고 있다. 그 용문당 서북 안쪽의 오운각(五雲閣)이라는 정각이 지어져 있었는데 지금까지 남아 있는 유일한 조선조의 유물이다. 지금의 경농재(慶農齋)라 하며 임금님이 손수 논밭을 가는 친경의 예식을 올리던 현장이었다. 그곳에는 조선 팔도의 지도를 본뜬 논밭이 만들어져 있어 지금도 옛 노인들은 이 자리를 '팔도 논배미'란 지명으로 부른다.

한말 무렵의 경복궁 지도를 보면 앞서 건물들 이외에 지금 청와대 동쪽 끝에 '금위군직소(禁衛軍直所)' 라는 왕궁 수비 사령부가 ㄱ자 형으로 자리 잡고 있었고 서쪽 끝에는 왕궁에서 쓰는 마방이 꽤 넓게 자리 잡고 있고 중간쯤 산속에는 수궁(守宮)이라 하여 경비 초소가 하나 서 있었는데 금지된 왕궁의 후원이라서가 아니라 호랑이가 득실 거려 금호방(禁虎榜)으로 발길을 금지 시켰던 곳이기도 하다. 이 후원을 통해 호랑이가 침 궐 한 사례는 비일비재하였다. 태종은 명사수 김덕생의 활 솜씨가 아니었던들 호환을 당할 뻔했다고 한다. 그 청와대 뒷녁에 어용세심대(御用洗心臺)라는 놀이터가 있어 영조, 정조, 순조 등이 즐겨 찾았는데 그럴 때마다 금호군(禁虎軍)을 둘레에 세워놓고 놀았다고도 한다.

1927년. 주권의 상징인 경복궁을 가리고 총독부 청사를 지은 일제는 경복궁 뒤에 총독 관저를 지어 왕궁을 압살 풍수의 용맥을 끊어 놓았다. 이렇게 하여 건국 후 경무대가 청와대로 개명되면서 백성을 위한다는 정치의 본산이 백성을 멀리하는 천년의 전통을 충실하게 계승했던 것이다. 그 후 일제의 조선 총독부가 경복궁 안에 청사(廳舍)를 신축하면서 1927년 오운각(五雲閣) 외의 모든 건물과 시설을 철거하고 총독 관저를 이곳에 지었다.

청와대 본관은 바로 이때 건축한 것이다. 1945년 8·15광복과 더불어 미 군정이 시작되자 이곳은 그대로 군정(軍政) 장관의 관저로 사용되었으며, 1948년 8월 대한민국 정부가 수립되어 대통령 관저로 사용되면서 '경무대(景武臺)'라고 불렀다. 그 후 1960년 4월 4·19혁명 후 민주당 정권이 들어서면서 대통령 윤보선(尹潽善)이 경무대의 주인이 되자 곧 '청와대'로 개칭하였고, 1990년 프레스센터인 춘추관과 대통령 관저가 신축되었다. 1993년 8월 대통령 김영삼(金泳三)의 지시로 일제 강점기의 조선 총독이 기거하였던 구관은 철거되었다.
푸른 기와로 지붕이 덮여진 청와대를 상징하는 본관은 대통령이 일을 하는 곳이며 손님을 접대하는 곳이다. 춘추관은 고려 시대와 조선 시대 때 정치나 행정의 기록을 맡았던 기관의 이름으로 지금은 대통령이 기자 회견을 여는 장소로 사용되며 청와대의 '프레스센터'라고 말할 수 있다.

녹지원은 역대 대통령들의 기념 수가 있는 야외 행사장이다.

영빈관은 큰 연회를 열거나 외국의 중요한 손님을 위한 공식 행사를 여는 곳이며 신임장 제정식이 주어지는 곳이기도 하다. 청와대 사랑채는 본래 대통령 비서실장 공관으로 사용되던 건물인데 1968년 1.21 사태 이후 청와대 경호를 위해 청와대 앞길과 인왕산이 통행 금지된 후 일반인을 출입 금지 지역이 되었다가 1996년 2월에 개방하기 시작하여 지금은 '효자동 사랑방'이라는 명칭으로 국민들에게 편의를 제공하는 시설로 개관을 하였다.

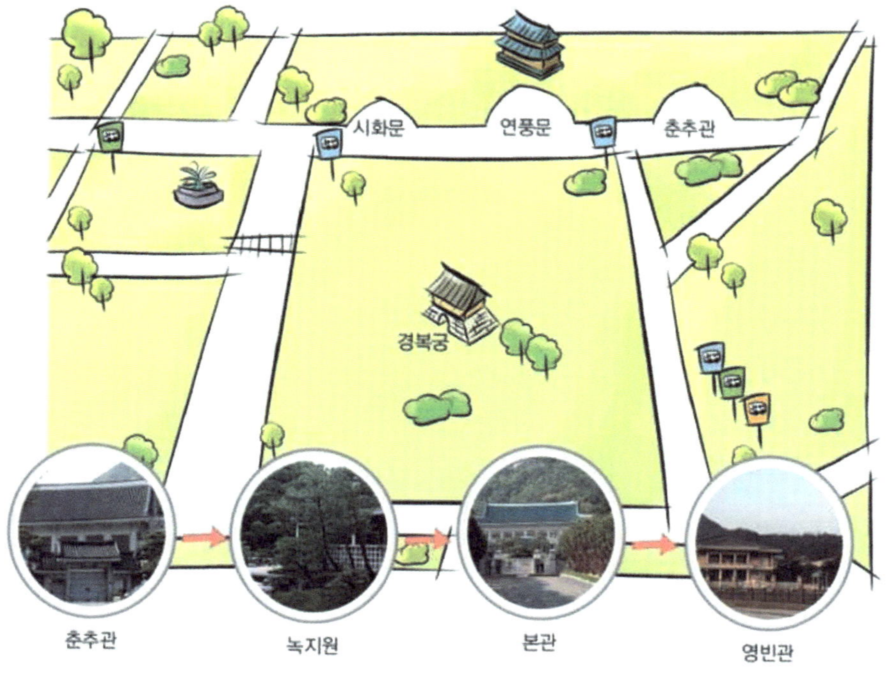

청와대 내부 지형 그림 출처 : naver

필자가 써 내려온 위에 청와대에 대한 내용은 인터넷에 열거된 내용 보다 어쩌면 더 자세하게 나열되어 있을지도 모른다.
그토록 천직이라 생각하며 열정을 다 했던 청와대를 떠나 주식회사 한전기공에 입사하여 인도 '첸나이'라는 곳으로 발령받아 나가 있다가 다시 한국으로 들어왔을 때, 대한민국은 16대 대선을 앞두고 있었다. 그때 대선 당선자였던 故노무현 前대통령과 함께 다시 한 번 청와대에 입성할 기회가 있었으나 주변 세력의 반대로 필자는 두 번째 청와대 입성의 꿈을 접어야 했다.

필자는 경호 업무와 더불어 경호 차장실에서 근무하면서 국정 전반에 대한 사항들을 한눈에 다 볼 수 있었다. 그 당시에 올려졌던 정부 보고서 중에 몇몇 분들의 보고서는 필자가 보아도 깊게 감명을 받았었다. 그러나 현재 그분들과 같이 올바른 보고서를 작성하고 그것을 실천하기 위해 올바르게 사는 정치인이 과연 얼마나 될까 하는 생각을 새삼 하게 된다.

정치를 하는 사람은 내 몸이 내 몸이 아니라 남들에게 매여 산다는 것도 그때 깨달았다. 정치한답시고 권력을 앞세우는 것이 아니라 당의 조직 문화에 잘 화합하여 움직여야 하며 모시는 대통령의 의지를 따르고 개인의 고집과 아집을 버리고 힘을 합해 올바르게 가야 한다고 생각한다. 정치인은 그릇된 점을 고쳐 나가야 하며 국익에 도움이 되도록 노력해야 할 것이다.

전두환 前대통령 내외와 함께

노태우 前대통령 내외 중추절 하례식

故부시 前대통령 내외 내한 / 노태우 前대통령과

위 사진들 맨 좌측 : 필자

정중앙 : 필자

노태우 前대통령 벙커 순시中_ 왼쪽에서 세 번째 : 필자

88올림픽 경호 총괄

대통령 접견실에서

미SS팀장(감바티샤) & 한PSS팀장(서준석)

故노무현 前대통령

20년이란 긴 세월을 국가를 위해 청와대에서 대통령을 모시며 있던 날들을 뒤로하고 경호 업무를 그만두고 나와 필자는 한국을 떠나 있었다. 한국으로 돌아온 지 얼마 되지 않아 한국에서는 16대 대선을 앞두고 있었는데 그때 대선 후보였던 故노무현 前대통령과 마주하게 되었다.

故노무현 前대통령은 한국의 제16대 대통령으로 경상남도 김해시의 빈농 집안에서 태어나 가난한 어린 시절을 보내고 부산상고를 졸업한 뒤 건설 현장에서 노동자로 일하면서 네 번의 사법시험 도전 끝에 합격하여 대전지방법원 판사로 임용되었다가 4년 만에 학생 및 노동자 등의 인권 사건을 변호하는 인권 변호사의 길을 걸어왔던 분이다. 1988년 통일민주당 故김영삼 총재의 제안으로 정치에 입문하면서 국회의원에 당선되었고 이후 해양수산부 장관을 거쳐 2002년 새천년민주당의 대선 후보로서 제16대 대통령에 당선되었다. 2008년 퇴임한 뒤 고향인 봉하마을에 귀향하여 세상과 소통하는 토론문화를 정착시키며 지낸 진정한 민주주의 대통령이라고 할 수 있었다. 그러던 중 2009년 재임 시 친인척 비리를 조사받던 중 그 해 5월, '나로 말미암아 여러 사람이 받는 고통이 너무 크다.'는 내용의 유서를 남기고 고향의 뒷산에서 홀로 투신하여 서거하신 분이다.
'호랑이는 죽어서 가죽을 남기고 사람은 죽어서 이름을 남긴다.'고 했는데 故노무현 前대통령은 국민들 가슴에 더 진보하고 발전할 수 있는 깨어 있는 '노무현 정신'을 승계하고 '사람 사는 세상, 노무현 재단(http://www.knowhow.or.kr)'을 남기셨다. 어느 날 그 재단을 방문해 보니 5만 명을 훌쩍 넘은 후원인들이 그분의 뜻을 기리며 '사람 사는 세상'을 만들어 가고 있는 모습에 가슴이 벅 차오르는 것을 느꼈다.

故노무현 前대통령이 대선을 준비하고 있을 당시 필자에게 찾아와 두 손을 잡으시며, "함께 하자."는 간곡 한 부탁을 하셨을 때 국가를 위한 일을 할 기회가 다시 주어졌다고 생각하며 주변의 모든 일을 접고 그날부터 그분이 대통령이 되는 날까지 늘 함께 하게 되었다. 흔히들 말하는 대선 후보의 프라이빗(priate) 기획자로서 그분을 조력하기 시작 한 것이다. 밥을 먹을 때도 버스를 타고 이동을 할 때도 그분은 늘 '토론'을 했었다.

2002년 대통령 선거는 국민 경선이 도입되어 일명 16부작 정치 드라마로 불릴 정도였는데 이는 전국 16개 시도를 돌면서 당원들과 국민들이 50:50으로 직접 투표하는 방식이었다. 이 국민경선제에는 故노무현 후보를 비롯하여 여섯 명의 후보가 더 출마 하여 총 일곱 명의 후보가 출마했었다. 필자는 당시 후보 중

한 사람이었던 정 후보를 가끔 찾아가서 故노무현 후보와 끝까지 정당한 러닝메이트(running mate)로 뛸 수 있도록 독려하기도 했었다. 그리고 경선이 끝났을 때 故노무현 후보의 지지율은 역대 대통령 후보 가운데 사상 최고치라는 60%를 기록했었다. 드디어 그분이 대선에 당선되어 청와대에 입성하던 날,

"기다려라, 내 너를 청와대로 다시 부르리라."라고 하셨던 말씀이 아직도 생생하다.

대통령의 당선 소식을 들었을 때만 해도 필자는 청와대로 다시 들어갈 수 있다는 기대로 기다리고 있었다. 그런데 아무리 기다려도 반가운 소식이 들리지 않아 총무수석을 찾아갔었다. 내용인 즉, 일등 공신을 자칭하는 사람들이 많아 대통령께서 어려움을 겪고 계시다는 말을 전해 들었다. 그때 필자는 속으로, '진정한 일등 공신은 말로 표현한다고 되는 것이 아니다.'라고 생각하며 돌아왔다.

그로부터 얼마 후 필자의 친구 중에 종로 소방서 서장으로 있던 친구에게 근래에 대통령을 만났다는 말을 전해 듣게 되었다. 故노무현 前대통령의 취임 후 얼마 되지 않아 종로 소방서에 방문하게 되었을 때, 故노무현 前대통령이 후보 시절 필자와 함께 했다는 것을 알고 있었던 종로 소방서 서장이 대통령께 물어봤다고 한다.

"혹시, '서준석'이라고 아십니까?"

"아니, 서장님. '서준석'을 어떻게 아십니까! 그분은 내가 평생 무덤까지 같이 갈 친구인데. 저의 최 측근 동지입니다."

라고 대답을 하셨다는 것이다. 그리고 이후 만찬 자리에서 그 친구가 대통령과 멀리 떨어져 앉아 있자, 가까이 불러 옆자리에 앉게 하시며 '친구의 친구'라고 극진한 대우를 해 주셨다는 이야기였다.

당시 청와대 경호실에는 필자의 후배들로 형성되어 있어 나이 많은 선배를 다시 받아들인다는 것 자체가 부담이었을 것이다. 그런 여러 가지 사유로 내부 세력이 반대를 하고 있다는 것도 알고 있었던 필자는 깊게 생각했다.

'대통령의 신변을 보호하는 사람이 나인데, 나로 하여금 대통령께서 곤란하게 하고 싶지 않다. 대통령님의 마음을 알았으니 됐다.' 그리고 좋은 마음으로 청와대 입성을 포기했다.

그뿐만 아니라 그분의 임기 중에 그분을 위해 단 한 번도 대통령과 별도로 만나지 않았고 소식을 주고받지도 않았다.

故노무현 前대통령은 당시 양 김 세력이라고 불리던 민주화 세력이 분열되었던 것을 안타깝게 여기시어 그 세력 들을 하나로 묶어 한국의 미래를 열겠다는 포부로 '민주 세력 대통합론'을 내세웠지만 이 후 전 김 대통령 자제들의 비리가 불거지며 신선

했던 故노무현 前대통령의 이미지까지 큰 타격을 입게 되는 것을 보았다.

또, 故노무현 前대통령은 대한민국 최초로 탄핵 소추 안이 가결되었던 인물이기도 했지만 국민들은 최근의 촛불 집회와는 달리 탄핵 당일부터 보름 동안이나 故노무현 前대통령의 '탄핵무효 부패 정치 척결을 위한 범국민 행동'이 주도하는 대통령 탄핵 소추 무효를 주장하는 촛불 집회가 열렸고, 헌법 재판소는 당시 '노무현 대통령의 탄핵 심판 사건'을 기각했다. 지금의 청와대 홈페이지에 '국민청원'을 할 수 있는 길이 열린 것은 故노무현 前대통령이 2006년에 포털사이트를 통해 '국민과의 인터넷 대화'를 생중계로 진행하면서부터 시작되었다고 해도 무방하다.

그렇게 파란만장 한 대통령 임기를 지내실 때도 그랬었지만, 故노무현 前대통령의 비리 수사에 대한 기사와 그분의 서거 소식을 듣는 순간 처음으로 그분을 따라 청와대로 들어가지 못한 것에 대한 많은 후회를 했었다. 좀 더 가까이에서 그분을 모셨더라면 그렇게 외롭게 가시지 않았을지도 모른다는 생각에 필자의 가슴은 더욱더 비통함이 채워져 올라왔었다. 그분의 서거 소식을 듣고 알 수 없게 밀려오는 한 가닥의 죄책감이 필자의 발걸음을 그분을 모신 봉하 마을로 이끌었다. 봉하 마을에 도착하여 생전에 미처 찾아뵙지 못한 그분의 영정 앞에 한참을 서 있었다. 그리고 한때는 가족처럼 가깝게 지냈던 권양숙 여사를 만났는데, 여사님은 필자의 두 손을 마주 잡고 하염없이 눈물을 흘리셨다. 서럽게 우는 여사님의 모습을 보면서 필자는 가슴에 눈물을 꾹꾹 눌러 담았다. 그리고 그곳에서 장례 일을 도와주고 있던 경호실 후배들을 조용히 찾았다.

“잘 부탁한다..”라는 한 마디 말 외에는 필자는 더 이상 아무것도 할 수 없을 것 같아 서둘러 나왔다.

그곳에서 나오는 순간 그 분과의 모든 추억까지 잊고 싶었기에 필자는 두 번 다시 그곳을 찾지 않았다. 그리고 지금까지 필자의 가슴 한구석에 그분을 별도로 모시고 있다.

故노무현 前대통령과 우리가족

Chapter 4.

나의 사랑, 나의 행복

서동한 박사학위 기념

미국52개주 여행

_ 포토맥 강에서

상좌 : 백악관 배경

상우 : 자유여신상 배경

우 : 그랜드캐년에서

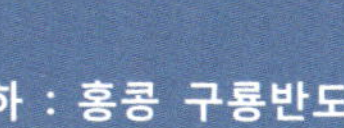

하 : 홍콩 구룡반도

7. 가족

바람 맞은 인연

필자는 정말 열심히 공부해서 장학생이 되어서야 조직 폭력 무리 속에서 겨우 벗어 날 수 있었다. 덕분에 ROTC로 군 복무도 무사히 마치고 우수 학생으로 당당하게 국민 대학교를 졸업할 수 있었는데 실은 필자가 더 이상 그 악의 무리와 어울리지 않게 도와준 사람은 필자의 아내였다.

아내를 처음 만난 건 필자가 그 동아리에서 헤어 나오지 못하고 있을 당시 대학 방송제 때였다. 그때 아내는 필자 보다 한 학년 선배였지만 나이는 동갑으로 성신 여자대학교 불어과 4학년 졸업반이었다. 당시 대학 별로 아나운서 대회를 했었고 우리 학교에서 강평회가 열리던 날 아내가 성신 여자대학교 '학회장' 이었으므로 학교 대표로 우리 학교에 왔다가 우연히 필자에게 회의 장소를 묻게 된 것이 처음 인연이 되었다. 아내가 말을 걸어 온 순간, 눈이 번쩍 뜨일 만큼 그녀가 빛나 보였지만, 지나치는 길이라서 어쩔 도리가 없었는데 우연이 필연이 되는 인연이라면 반드시 만난다고 하더니 또다시 학교 공중전화박스에서 다시 만나게 된 것이다.

필자는 기회는 이때다 싶어서 용기를 내어 말을 건넸다.

“우연찮게 여기서 또 뵙네요. 아까 회의실은 잘 찾으셨어요?”

“네. 덕분에 잘 찾았어요. 이제 전화하고 들어가던 길입니다.”

아내가 대답을 했다.

“아. 네. 그럼 차나 한잔하시겠어요?”

라고 다시 묻는 필자의 질문에 당황을 했는지,

“오늘은 행사 때문에 안 될 것 같으니 내일 만나요.”

그렇게 약속하고 종로에 있는 ‘한일 다방’에서 만나기로 장소까지 정하고 갔던 그녀가 다음 날 약속 장소에 나타나지 않았다.

나중에 들은 이야기지만, 필자와 헤어지고 나서 아내는 학교 방송국에서 함께 회의하던 사람들에게 필자를 가리켜 ‘저 사람 누구냐’고 물어보았던 모양이다. 그 사람들이 필자에 대해 좋게 말해 주지 않을 것이라는 것은 필자가 더 잘 알고 있었다. 학교 안에서 우리 동아리를 모르는 사람들이 없었으므로 ‘조직폭력배 비슷한 부류의 사람이다. 반면에 저 사람이 공부를 잘 해서 장학금을 받는 학생이긴 하지만 연고도 없는 시골 출신이다.’라고 말 해 준 것이다. 그런 말을 전 해 듣고 당연히 그 자리에 나올리가 없었겠지만 영문을 몰랐던 필자는 약속을 지키지 않은 그녀가 야속하기만 했다.

그로부터 한 2주쯤 지난을 때였다.

학교에 무슨 행사가 있어서 그녀가 또 온 것이다. 우리 학교는 출입문이 하나여서 마음만 먹으면 한곳에 지켜 앉아 들어오고 나가는 사람들을 다 볼 수 있었다. 일부러 기다린 건 아니었지만 필자는 그날 그렇게 교문 입구 벤치에 앉아 있었기 때문에 쉽게 그녀를 볼 수 있었다. 처음엔 긴가민가한 마음에 어디서 본 듯한 사람이다 싶어 자세히 보려고 가까이 가서 불러 세웠다.

“저기요?” 뒤돌아보던 그녀는 필자와 얼굴이 마주치자 얼굴이 빨개지더니 먼저 사과를 하는 것이었다.

“죄송해요. 그날은 제가 바쁜 일이 있어서 약속 장소에 못 나갔어요. 어떻게 제가 사과를 드려야 할지, 한 시간 후쯤 회의 끝나고 내려올 텐데 그때 뵈면 안 될까요?”

필자가 불러 세운 그녀는 2주 전에 약속을 지키지 않았던 그 여학생이었던 것이다. 필자는 순간 필연이라고 믿고 싶었다.

“그렇게 하시죠. 여기서 기다리겠습니다.”라고 대답하고 그녀가 회의실로 들어가는 것까지 확인한 후에 그녀가 이번에는 반드시 빠져나가지 못하도록 회의실에서 나오는 두 개의 출구 중 하나는 나갈 수 없도록 폐쇄했다. 그리고 오후 수업에도 들어가지 않은 채 나머지 하나의 출구 쪽에서 그녀가 나오기만을 기다렸다.

그녀 역시 분명 우리 학교 회의실에서 교문으로 가는 길이 두 개라는 것을 미리 알고 있고 일시적으로 필자를 피하기 위해 임기응변으로 답했을 것 같은 짐작을 했었던 건데 아니나 다를까 회의 종료 시간이 되고 다른 사람들은 모두 나오는데 그로부터 한 시간을 더 기다려도 그녀는 나타나지 않는 것이었다. 필자의 예상대로 필자를 피해 다른 길로 나가려고 시도 했다가 길이 막혀 있으니 오도 가도 못 하고 안에 있는 것 같아 무작정 기다렸다. 그렇게 두어 시간을 넘기고 있었는데 남의 학교에 계속 남아 있을 수 없다고 판단을 했는지 결국은 저쪽에서 체념한 듯 터벅터벅 걸어 나오는 것을 보고 그녀 앞으로 다가섰다.

그녀와의 데이트가 그렇게 시작되었다. 처음 데이트를 한 그 날은 학교에서 돈암동까지, 돈암동에서 명동까지 걸으면서 이런 저런 대화 속에 필자의 파란만장한 학창시절 이야기들에 대해 그녀에게 솔직하게 말해 주었다. 서울에서 태어나 서울에서 자란 그녀는 전혀 다른 세계에서 살다 온 사람을 대하 듯 흥미로워했는데 시간이 지날수록 필자의 진솔한 모습에 용기를 더 북돋워 주고 싶은 마음이 생겼다고 했다.

그녀는 필자의 솔직하게 말할 줄 아는 용기와 열심히 공부하려는 의지를 보고 '이 사람은 바르게 이끌어 주면 잘 될 사람일지도 모르겠다.'는 기대가 생겨 그때부터 진심 어린 만남을 하게 되면서 필자에 대한 케어(care)가 시작되었는데 필자는 그녀의 그러한 모습에 완전히 매료되었던 것 같다.

필자는 당시 하숙을 하고 있었고 그녀의 집은 서울에서도 강남에 살고 있었으며 성신여대에서 장학생으로 공부하고 있는 재원으로 필자가 유복한 집안에서 자랐다고는 했으나 아내와는 자라 온 환경과 사고방식이 차원적으로 달랐다. 그녀를 자주 만나면 만날수록 그녀를 놓치고 싶지 않은 마음이 점점 커져만 갔다. 그래서 필자는, '춘천에 가면 기차가 끊겨서 하룻밤 자고 올 수도 있을지 모르겠다. 그러면 일단 내 사람을 만들어야지.'라는 생각을 하고 춘천에 막국수 먹으러 가자며 그녀를 데리고 춘천행 기차를 탔다. 그런데 춘천에 도착해서 정말로 서울 오는 기차표를 구할 수 없어서 적지 않게 당황했다. 그녀를 놓치고 싶지 않은 마음에 작정하고 그녀를 데리고 춘천행 열차를 탔지만 필자는 막상 춘천에서 그녀와 하룻밤을 묵어야 하는 처지가 되니 그녀에게 손가락 하나 댈 수가 없었다.

다음 날 서울에 돌아오자 그녀의 집에서는 한바탕 난리가 난 듯했다. '차라리 잘 됐다.' 싶어 그녀의 집으로 가서 "따님과 결혼하겠습니다."라고 말했더니 어른들께서는 필자에 대해 곱지 않은 시선으로 바라보면서 "안 된다." 단 칼에 거절하셨다. 이유인즉, 덩치만 크고 체육을 전공 한 사람은 일단 머리가 비었다는 선입견이 첫 번째였다. 그렇게 필자를 내 쫓듯이 돌려보내고 나서 그녀에게 필자에 대해 많은 것을 알아보듯 물어보셨다고 하는데 그녀는 필자와 만나는 동안 있었던 일들에 대해 모두 상세하게 말씀을 드렸다고 한다. 그 이후 처가에서는 필자에 대해 더 이상의 반대가 없었지만 그다음은 필자의 시골집이 문제였다. 그녀와 필자는 동갑이었으나 그녀가 한 학년 위여서 먼저 졸업을 했다. 반면 필자는 군대도 다녀와야 했고 학업도 1년을 더 해야 하는 대학교 4학년에 재학 중이었다. 그러한 필자가 그녀를 시골집에 데리고 내려가서 부모님께 인사를 드리게 하고는, "결혼할 사람입니다."라고 말씀드렸더니 필자의 부모님은 그야말로 노발대발하시면서 거의 기절 일보 직전이었다.

어머님께서는 필자를 불러 앉혀놓고,

"얘야, 너는 학교도 1년을 더 다녀야 하고, 군대도 다녀와야 하는데 대체 어쩌려고 그러느냐?"라고 하시며 한탄하셨다. 어머님 말씀대로 사실 학교는 졸업할 때까지 1년 정도는 연애를 더 하면 되니까 그렇게 걱정되지 않았다. 그런데 ROTC로 군 복무하는 2년 동안 그녀가 다른 남자를 만나 시집이라도 가 버린다면 그건 정말 안 되겠다 싶어서 무슨 수를 쓰지 않으면 안 될 것만 같았다.

『주역(周易)』의 근본 원리인 「궁즉통(窮卽通)」 한다는 말이 생각났다. '궁하면 통하는 법'이라고 했다. 포항시에 위치 한 주식회사 포스코에서 통역 직원에 대한 모집공고를 한다는 소식을 듣게 되었다. 그 무렵이 마침 큰 매형이 포항시에 있는 (주)포스코 임원으로 근무하고 계셔서 큰누나가 매형을 따라 포항에 가서 살고 있었는데 매형이 그 소식을 전해 준 것이다. 그녀는 불어를 전공했지만 영어까지도 능숙하게 잘 할 수 있어서 포스코에 입사지원을 해도 크게 문제없을 것이라는 믿음으로 그녀에게 포스코에 입사지원서를 내라고 권유했다. 그녀 입장에서 보면 많고 많은 서울의 기업들을 두고 포항시에 있는 기업에 입사지원 하라는 것에 따르지 않을 수도 있었겠지만 다행히 그녀는 필자가 원하는 대로 포스코에 입사 지원했고 입사전형에 합격했다. 일단 합격해 놓고 보니 서울에서는 거리가 멀어 회사 근처에서 기거해야 출퇴근할 수 있는 처지가 되었는데 바로 필자의 계획대로 된 것이다

필자는 포항에 사는 큰 누나에게 부탁했다.
"나와 결혼할 사람인데 매형과 같은 직장에 다니게 되었으니 큰 누나 집에서 출 퇴근 할 수 있게 해주세요."라고.
큰 누나는 동생의 애인이 본인의 남편과 같은 회사에 입사했다고 하니까 흔쾌하게 받아 주었고, 그녀가 다니게 될 회사였던

포스코엔 임원으로 큰 매형이 계셨으니 혹시나 그녀가 다른 남자와 연애를 하는지 감시 책(?)이 되어 달라고 부탁을 단단히 해 놓고 필자는 군에 입대했다.

그때 당시 그녀를 놓치지 않기 위해서 무슨 일이라도 할 수 있을 것만 같았는데 모든 것이 순조롭게 해결이 되어 안심하고 군 복무에 매진할 수 있었으니 그 또한 행운아였던 것 같다. 그리고 군 복무를 하는 동안 강원도 양구에서 그 멀고 먼 길 포항까지 그녀를 만나기 위해 오가면서 그녀와의 사랑을 다져 갔었고 그녀 역시 시간이 나는 대로 강원도까지 면회를 와 주었다. 필자는 그렇게 무사히 군 복무를 마치고 돌아와 청와대에 입성하자마자 아름다운 기다림으로 필자를 지켜 주던 그녀와 드디어 꿈에도 바라던 결혼을 했다. 당시 필자는 공직자의 신분으로 허례허식 없는 결혼식의 모범이 되어야 했으므로 호텔이나 고급 예식장이 아닌 모 구청 강당에서 소박한 결혼식을 올렸다. 하지만 한편으로 오래 기다린 아내를 좀 더 화려한 신부로 만들어 주지 못한 데 대한 미안함은 아직도 남아 있다.

필자의 결혼식

아내의 장학증서

증 서

외국어교육과 1 년
(불어)
성명 양 재 옥

위의 사람은 1973학년도 제 1 학기 학업성적이 우수
하고 또한 품행도 단정하여 남에게 모범이 되었기에

증 서

외국어교육 과 4 년
(불어 전공)
성명 양 재 옥

위의 사람은 1976학년도 제 1 학기 학업성적이 우수
하고 또한 품행도 단정하여 남에게 모범이 되었기에
성신 장학생으로 정하고 이에 장학금을 수여함

1976 년 9 월 15 일

성신여자사범대학장 조 기 홍

ALLIANCE FRANÇAISE
Diplôme de Langue Française
Année 2001

Le Conseil d'Administration de l'Alliance Française atteste que Madame YANG Jea Ok
né(e) le 11 mars 1955 à Séoul de nationalité coréenne
a satisfait aux épreuves écrites et orales prescrites pour l'obtention du Diplôme de Langue Française.
En foi de quoi le présent diplôme lui a été délivré sans mention

Paris, le 12 février 2002

La Directrice de l'Ecole | Le Titulaire | Le Président du Jury d'examen L. PORCHER | Pour le Conseil d'Administration de l'Alliance Française Le Secrétaire Général

VU CERTIFIE EXACT

ALTE 88A0001120038

Association reconnue d'utilité publique 101, bd Raspail 75006 Paris

아내의 불어강사 자격증

아내 양 재 옥 의 프로필

성신 여자대학교 졸업

인도 주재 알리앙스 어학원 졸업

- 영어, 불어 Teacher Master

前 포항종합제철(주) 의전실 귀빈 통역_영어/불어

민병철 어학원 영어강사

2002년 국제 꽃박람회 영어/불어 통역 봉사

2002년 FIFA 월드컵 축구대회 영어/불어 국빈통역 봉사

살림 밑천

우리 부부의 첫 작품은 선천적으로 명석한 지혜와 명랑한 성격을 소유하고 태어난 큰딸 '지원'이다. 지원이는 어릴 때부터 여자아이 같지 않을 정도로 모험심이 강하고 암기력이 뛰어난 총명한 아이였다.

초등학교 시절엔 줄곧 '리더'의 역할을 놓지 않았으며 예원 중학교에 수석으로 입학하여 수석으로 졸업하고 서울 예술 고등학교에 수석으로 입학했던 미술을 전공하는 아이였다. 통상 미술을 하는 아이들의 특징이 운동은 별로 못 한다고 하는데 우리 큰딸은 특이하게도 필자를 닮았는지 운동 신경도 발달하여 어떤 운동이든 짧은 시간 안에 마스터할 뿐만 아니라 뛰어난 소질까지 보였었다.

지원이가 서울 예술 고등학교에 재학하고 있을 때 필자는 청와대에서 나와 (주)한전기공에 입사하여 인도로 발령이 나서 나가야 하는 시점이었다. 당시 아내의 둘째 언니가 경기도 일산에 살았었는데 큰딸만 처형 집에 맡겨 두고 아내와 작은딸과 아들을 데리고 인도로 떠나게 되었었다. 아무리 처형의 집이라고 해도 부모와 떨어져 홀로 한국에 남아 대학 입시를 준비해야 했던 큰딸에게 우리 부부는 미안한 마음이 들어 발걸음이 무거웠는데 본인이 더 씩씩 한 모습으로 인도로 떠나는 가족의 등을 떠 다 밀었던 기억이 난다. 큰딸이 입학할 때 성적은 수석이었지만 일산 이모 집에서 서울 예술 고등학교까지의 거리가 너무 멀어 통학하는 것만으로도 힘들어서 하교 시간에 과외나 학원에 다니는 것은 생각조차 할 수 없었다. 그래서 교통이 혼란한 러시아워 시간을 피해 새벽에 등교하여 공부하고 밤까지 학교에 남아 자율 학습을 하고 돌아오는 것이 전부였다.
그때 부모로서 그 아이에게 해 줄 수 있는 최선의 뒷바라지가 그 먼 통학 길을 조금이라도 편히 다닐 수 있도록 콜택시를 예약해 주는 것이 전부였다. 남들이 이용 안 하는 시간대에 콜택시를 정기적으로 예약하여 조금 더 저렴하게 이용할 수 있었으며, 큰딸은 그렇게 오가는 동안 잠시라도 눈을 붙이고 새우잠을 자면서 다녔다고 한다.

그렇게 열심히 혼자 공부했어도 큰딸은 이화 여자대학교에 수석으로 입학했다는 기쁜 소식을 전해왔었다. 나중에 알게 된 사실이지만 대학입시 원서 쓸 때 부모가 입시 면담은커녕 전화 한 번 하지 않자 담임 선생님은 부모 없는 아이인 줄 알았다고 했다. 어쩌면 가장 어려웠을 시기에 바쁜 어른들 틈에서 스스로 공부하고 본인의 앞날을 개척해 나간 큰 딸이 지금 생각해도 여간 기특하고 고맙다는 생각이 든다.

앞서 말했듯이 모험심도 뛰어나 운동 중에서도 스킨스쿠버나 패러글라이딩과 같이 남자들도 극복하기 힘든 종목들을 소화해 내며 늘 리더의 위치에 섰던 큰딸은 아마도 필자의 유전자를 뿌리 깊게 물려받은 것이 분명하다. 미술을 전공했던 큰딸은 이화여대 미대를 수석으로 졸업하고 대학원에서는 전공이 전혀 다른 여성 개발 학을 선택하고 이화 여대 국제대학원으로 입학했다. 좀처럼 쉽지 않은 선택이기도 했지만 선택한다 해도 이수하기 어려운 과정이었을 텐데 그곳에서도 거뜬하게 본분을 다하고 석사학위를 취득하여 한국 여성개발원의 연구원으로 취업을 하게 되었다.

여성 개발원에서 연구원으로 근무하면서 다방면의 두각을 나타냈던 큰 딸은 박사과정을 공부하기 위해 영국으로 가서 공부하게 되었는데 학기를 다 마치자 그곳의 교육 정책상 가장 큰 과제가 실제 자원봉사 점수가 가산이 되어야 한다는 조건이었다고 한다. 큰딸은 자신의 목표를 위해선 두 말 도 필요 없다고 생각한 것 같았고 바로 아프리카 우간다로 떠났었다. 그리고 그곳의 장애인 학교에서 갖은 고생을 하며 1년여 동안 자원봉사를 마치고 돌아왔는데 큰딸 아이에게 자원봉사 과제를 내주었던 교수는 정작 이직을 하고 없었다. 결국 그 나라의 제도 상 지원이는 박사학위 취득의 꿈이 무산되는 아픔을 겪게 되었지만 그에 대한 반발심 보다 본인이 우간다에서 봉사하며 만난 장애아들과의 인연을 더욱 소중하게 생각하며 돈으로 살 수 없는 경험에 대해 보람을 느낀다고 말했다. 그리고 여유가 된다면 그들이 공부하는데 꼭 필요한 컴퓨터를 몇 십 대 정도 꼭 기증해 주고 싶어 했다. 필자는 그렇게 멋진 여성으로 성장하고 있는 큰딸을 보면서 아버지로서 그 아이가 바라는 대로 함께 도움이 되어 주고 싶었다.

그 후 귀국하고 UN의 ILO 정책 연구소 인턴 과정에 합격해서 다시 연구원으로 일하게 되었고, 그때 인구정책에 대한 논문을 써서 UN에서 책자로 발간하고 전 세계 연구 논문으로 발표된 기록도 있다. 그리고 방글라데시로 파견되면서 현재 큰딸의 남편인 사위를 만나서 2013년 도에 결혼하게 되었는데 그 때 일만 생각하면 필자 입장에서는 아직도 좋지 만은 않다.

대한민국 그 어느 곳에 내놓아도 아깝기만 한 내 딸을 홀린 사위란 사람이 다름 아닌 영국 계 헝가리인이었기 때문이다.
이렇게 세계가 인정하는 필자의 큰 딸을 외국인에게 시집보내야 한다는 사실에 그때 당시엔 적지 않은 충격이었지만 두 사람의 의지가 아름다워 몇 가지의 조건을 걸고 결혼을 승낙했었다.
“첫째는 우리 딸을 평생 사랑해라. 한번 결혼하면 헤어지거나 한다는 건 내 생애엔 없다. 두 번째 한국말을 말하고 듣고 쓰기를 6개월 안에 마스터해라. 왜냐하면 우리 한국말을 못 알아들으면 우리 가족의 일원으로 들어와서 내가 올려 주는 자료를 못 보고 외톨이가 되기 때문에 한국말을 필히 익혀라. 세 번째 골프를 배워라. 우리 가족은 모두 골프를 할 줄 안다. 우리 가족과 여행 가게 되면 다 함께 즐겁게 어울려야 하니 배워야 한다. 네 번째는 세계 교황을 네 명이나 배출해 낸 유럽에 유명한 '메디치 가문'이라고 있는데 그 메디치 가문에 대해 책을 읽든지 연구해서 우리 서 씨 가문을 어떠한 메디치 가문으로 생각하고 있는지 나에게 이야기해라." 그리고 그에게 마지막 질문에 대한 그의 의견을 듣고 필자는 다시 말했다.

"그 '메디치 가문'을 '서 메디치 가문'으로 생각해라. 그래서 너의 아이들 이름의 성도 '서'씨로 해야 한다." 그에 대한 확답을 듣고 나서 그 결혼을 승낙하게 되었다. 현재 큰딸 부부는 두 아이를 낳아 '서 요셉', '서 에스더'로 이름 지었고 남아프리카공화국에서 행복한 결혼생활을 하고 있으며 더불어 큰딸 지원이는 멋진 커리어 우먼으로 더 큰 성장을 하고 있다.

큰딸의 직장이었던 UN 국제기구에서는 산 후 휴가를 2년이나 준다고 한다. 그 산후 휴가 중에 큰 딸은 또 출산하게 되어 사실상 다시 UN으로 복귀하기 어려운 상태가 되었었다. 그러던 중 캡코 남아프리카공화국 지사에 공채시험을 보게 되었는데 단 한 사람 우리 큰딸이 합격했고, 막상 큰딸을 채용한 후 얼마 되지 않아 그 아이의 실력을 인정하여 외교부 경력직에 추천해 주었다고 한다. 덕분에 큰 딸은 외교부 공채시험을 재차 보게 되었고 지금은 아프리카 지역의 다섯 개 나라를 맡아보고 있는 외교부 남아프리카공화국 지사의 실무관이다.

외교부 공채시험 면접 당시 마지막에 큰딸에게 이런 질문을 했다고 한다.

"이 세상에서 가장 존경하는 인물이 누구입니까?"

"나는, 이 세상에서 내 어머니를 가장 존경합니다. 내 어머니를 존경하는 이유는..."

큰 딸의 답변에 면접관들의 가슴을 모두 뭉클하게 했다는 이야기를 전해 들었다.

큰딸 지원이의 답변은 "한국 현모양처의 표본이며 자식들을 훌륭하게 성장할 수 있도록 조력자가 되어 준 엄마가 저의 롤모델입니다. 저는 세상에서 엄마를 가장 사랑하며, 세상에서 엄마를 가장 존경합니다."라고 했다고 한다.

위 책은 2011년 2월에 국제 활동 분야의 공공재 확충을 목표로 국제전문 인력 양성에 꼭 필요한 정보와 지식을 모아 출판하고 열정 있는 예비 저자의 발굴에 힘쓰는 사회적 출판사(에딧더월드)에서 실제 세계를 무대로 활동하고 있는 젊음에 대한 기록을 기획하여 우리 큰 딸을 포함 한 일곱 명의 국제 활동 전문가들의 이야기를 모아 [국제 활동 지식총서_하루에 국경을 두 번 넘는 사람들]이란 제목으로 출간된 책이다.

책 안의 여섯 번째 이야기가 큰 딸 '서 지원'의 글로 그 일부를 이곳에 소개하고자 한다.

여섯 번째 국경

[우연 혹은 필연]

패션디자인과 젠더 이슈를 접목시킨

여성 국제활동가

서 . 지 . 원.

패션디자인에서 여성학으로

"초등학교 5학년 때부터 그림을 그리기 시작했어요. 직선 그리기를 연습하는 '고릴라 자세'를 매일 같이 취하며 하루를 보냈던 기억이 나요. 그림은 항상 즐거운 일상이었던 것 같아요."

사실 서 지원 씨는 미술학도였다. 그것도 패션 디자인. 화려한 런 웨이에서 자신의 감각을 맘껏 뽐내고 박수갈채를 받는 패션디자이너를 꿈꿨다. 그림에 재능도 있고, 또한 즐길 줄도 알았던 그녀는 수월하게 예술 중학교, 고등학교에 입학해 학창 시절을 보내고 패션 디자인학과에 입학했다. 그리고 졸업 패션쇼도 열었다. 그녀는 그 때를 이렇게 회상 한다.

"대학교 3학년 때부터 패턴을 뜨고 재봉틀을 돌리고 옷을 만들 수 있었어요. 처음 만든 두 벌의 옷은 꽤 창의적이었죠. 하나는 환경을 소재로 한 종이로 만든 옷이었는데, 모든 부분의 디테일을 삼각형으로 생긴 하얀 종이로 표현했어요. 하지만 입을 수 없는 옷이었어요. 그래서 두 번째 옷은 네오프렌 고무로 된 스킨 스쿠버 복을 만들었어요. 보통 사람들에게는 익숙하지 않은 천인데, 이 네오프렌은 최근 노트북 보호 커버로도 많이 쓰이죠. 소재가 매우 특수해 구하기가 어려워서 동대문을 하루에 다섯 번도 더 다녔어요. 자주 간 곳은 상호 일련번호까지 외우게 되고, 사장님과도 잘 아는 사이가 됐죠. 어렵게 천을 구했지만 일반 재봉틀로는 박음질을 할 수 없었기 때문에 여러 재단 공장들과 연락을 해야 했는데, 대량 생산하는 것도 아니라서 옷을 만드는 데 어려움이 많았어요. 그래도 돌아보면 조금 더 실험적인 옷을 만들었으면 좋았을 걸 하는 생각이 들어요."

......중략......,

교양의 중요성, 패션 디자인에서 여성학의 길로

그녀는 패션 디자인학과 학생이었지만 다양한 분야에 호기심이 많았다. 특히 그녀는 1학년 첫 학기에 들었던 '국어와 작문'이라는 수업을 잊지 못한다. '흑설 공주 이야기' 등 여성학 관점으로 본 문학 작품을 처음 접하게 되었기 때문이다. 백설 공주는 왜 백인이어야 하고, 왜 꼭 '공주' 여야 하고, 왜 항상 해피엔딩으로 끝나야만 하는 건가에 대한 질문을 던지는 첫 순간이었다. 그 수업을 통해 그녀는 처음으로 대학에 왔다는 느낌을 받았다.

또한 '비교 여성연구' 라는 수업에서는 인도에서 박사 과정을 수료 한 교수가 인도 여성들의 지위와 실상에 대한 이야기를 많이 했는데, 그 수업에 나오는 사례 연구들은 그녀가 대학에 들어오기 전에 이미 경험한 인도의 모습을 생생하게 그려냈다. 학문이 머리로만 배우는 것이 아니라 가슴으로도 배울 수 있다는 것을 그때 처음으로 느낄 수 있었다. 수업은 외우지 않아도 마음속에 각인이 되어 잊혀 지지 않는 내용들로 가득했다. 결국 여성학을 복수 전공으로 정했다.

여성학에 마음을 빼앗기게 된 이류는 특별한 이유가 있었던 것도, 확고한 신념 때문도 아니었다. 그것은 평범한 대한민국 가정에서 자랐던 경험 때문이었다. 그녀의 아버지는 한국 사회의 전형적인 가부장이었다. 남동생에게는 남자이기 때문에 특별한 기준이 적용되는 집에서 자랐고, 그러한 것들에 항상 의문을 제기했다.

"9살인 남동생은 친구네 집에서 자도 되고 중학생인 저는 남의 집에서 잘 수 없다는 사실이 부당하다고 느껴졌어요. "

......중략......,

뭄바사의 창녀들처럼, -여성학의 중심, 개발학으로 가는 여정

결국 지원 씨는 방향을 바꾼다. 행선지는 패션 디자인이 아닌 개발학과 여성학이었다. 새로운 행선지의 열차표는 우연하게 얻은 것처럼 보일지도 모른다. 하지만 사실 그 우연은 그때까지 형체 없이 지원 씨의 생각 창고에 가득 차 있던 생각의 파편들이 가지런히 정리되는 찰나의 깨달음이었을 수도 있다. 정말로 그랬다면 그것은 오히려 필연일지도 모른다.

패션 디자이너로서의 미래에 대해 갈등하던 어느 날 국제대학원 모집 공고를 보고, 자신의 관심 분야인 여성학과 개발 학을 '국제개발협력'이라는 키워드에 연결시킬 수 있다는 생각을 했다. 인도의 기억들도 머릿속에 맴돌았다. 그러나 현실적으로 '국제' 분야에 대한 배경이 전혀 없어서 국제 대학원을 못 갈지도 모른다는 생각에 여성학 대학원도 함께 지원했다. 국제 대학원 면접 때, 영어를 유창하게 하고 손에 <타임_Times>지가 들려 있는 경쟁자들의 모습에 주눅이 들기도 했다. 면접 문제는 당시 당선된 미국의 부시 대통령에 관한 것이었는데, 아는 것이 별로 없었고 대답도 잘 못했다. 입학을 할 수 있을지에 대한 불한 감이 스쳤다. 기가 많이 죽어서 기대도 별로 하지 않고 여성학을 전공할 수 있는 기회라도 얻을 수 있기를 바랐다. 그런데, 여성학 대학원에는 오히려 불합격하고, 국제 대학원에 합격했다. 아마 패션 디자인을 전공 한 그녀의 독특한 배경이 작용을 한 것 같다고 한다.

......중략......,

"가장 기억에 남는 수업은 로버트 챔버스 교수님의 수업이었어요. 백발의 교수님은 열성을 가지고 비전통적인 방식으로 수업을 진행하셨는데, 학생들은 모두 카페트 바닥에 앉아서 때로는 케냐의 농부들처럼, 때로는 몸바사의 창녀들처럼 사고하는 법을 배웠어요. 그 교수님은 참여 방법론의 주창자였는데, 누가 무엇을 필요로 하고 있는지 우리의 관점이 아닌 그들의 관점으로 함께 머리를 맞대고 사고할 수 있도록 유도한 거죠."

개발학을 하려면 필드 경험이 필수였다. 학교가 시작하기 전 필드트립으로 우간다행을 결정 한 그녀는 또 다른 경험을 하게 된다. 국제워크 캠프기구를 통해서 그나마 안전한 경로로 캄팔라 주변 난사나 마을에서 일을 할 수 있었다. 바로 그녀의 학부 전공인 패션 디자인과 관련된 일, 정신지체 아동들에게 스스로 자립할 수 있도록 기본적인 기술을 가르쳐 주는 학교에서, 그녀는 옷, 쿠션, 스카프를 만들고 직물을 염색하며, 미술과 컴퓨터를 가르쳐 주는 일 등의 직업 훈련 교육을 담당했다. 정신 지체 아동 스스로 자신이 무언가를 할 수 있고, 해냈다는 기쁨을 함께 느낄 수 있어 지원 씨는 그 누구보다도 행복했다. 그곳에서 느낀 삶의 교훈은 옷 입는 것에 치중 하는 것은 그다지 중요하지 않다는 것이다.

......중략......,

돕는 손과 즐기는 손

"많은 사람들이 돈 또는 명예를 좇지요. 저에게는 제 자신을 위해 돈을 많이 버는 것, 세상에 이름을 남기는 일은 중요하지 않아요. 다만 배고픈 사람들에게 먹을 것을 주고, 옷이 필요한 사람들에게는 옷을 주는, 나아가 그들 스스로 자립할 수 있도록 돕는 삶을 살고 싶어요. 누구든지 한 인간으로서 고유의 사명을 잘 할 수 있도록, 그리고 저처럼 삶을 즐기면서 살 수 있도록 돕고 싶어요."

지원씨는 지금까지 살아오면서 몇몇 좌절의 순간이 있었지만 결코 그대로 끝난 일은 없어서, 자신의 인생에 좌절은 없다고 말한다. 일이 원하는 대로 되지 않을 때, 의지가 꺾였을 때, 얼마나 더 좋은 기회가 이 위기를 통해 찾아올 것인지를 생각한다. 이제는 좌절이 오는 순간마다 신앙적으로 기대가 된다고 역설적으로 말한다. 일어나지도 않은 일에 대해 상상하면서 걱정을 키우는 때도 많지만, 그 상상력으로 자신의 가치관을 단련시켜 나간다고 한다.

- '하루에 국경을 두 번 넘는 사람들'에서 발췌.

서지원 _이화여자대학교 수석졸업

국대원석 제 447 호

학 위 기

성 명 서 지 원

1981년 10월 14일생

위 사람은 본교 국제대학원에서 국제학과 석사학위 과정을 이수하고 국제학석사(개발협력)의 자격을 얻었으므로 이를 증명함.

2008 년 8 월 29 일

이화여자대학교 국제대학원장 경제학박사 최 병 일

위 증명에 의하여 국제학석사(개발협력) 학위를 수여함.

2008 년 8 월 29 일

이화여자대학교 총장 문학박사 이 배 용

학위번호 : 이화여대 2007(석) 1283

서지원 이화여대 국제대학원 석사학위

서지원_2013 결혼식

손자_서요셉의 돌잔치

장녀 서 지 원 의 프로필

現 외교부 남아프리카공화국 지사 실무관

前 한국 여성개발원 전문 연구원

UN 사회 경제 연구소 연구원

UN 산하 ILO 노동기구 연구원

방글라데쉬 다카 주재관

경기 초등학교 졸업,

예원 학교 졸업

서울 예술 고등학교

_수석입학/수석졸업

이화 여자대학교

_수석입학/수석졸업

이화여대국제대학원 졸업

영국 Sussex 대학원 졸업

2002년 국제꽃박람회 영어 통역봉사

2002년 월드컵 영어 통역봉사

[우간다] 장애학교 미술교사 봉사활동

한국 여성개발원 전문연구원

아들 같은 딸

현재 필자와 함께 살고 있는 자식은 둘째 딸 '윤진' 이다. 현재 큰 딸은 직장도 거주지도 남아프리카 공화국이고 아들 역시 호주에서 공부를 마치고 그곳에서 직장 생활을 하고 있다. 큰 딸을 낳고 둘째도 딸을 낳았을 때는 서운함도 없지 않아 세 번째는 아들을 낳으려고 노력도 했었는데 어쩌면 지금 작은딸이 한국에 남아 우리 부부의 곁에서 아들 노릇을 하고 있는지도 모르겠다.

윤진이가 서울 경기 초등학교를 졸업하고 중학교에 다니고 있을 때 필자가 인도 첸나이로 발령이 나서 윤진이도 함께 갔었다. 그곳에서 상위 1%의 자녀들만 입학한다고 하는 중학교에 입학시키려고 면접을 보게 되었다. 그 학교는 학교장, 재단 이사장, 학부모 대표, 그리고 학교의 간사인 사무총장으로 이루어진 입학 사정관들이 직접 면접을 보는 곳이었는데 그곳에서 윤진이는 뛰어난 암기력과 끈기로 필자가 선견지명으로 코치해준 단답형 과제를 훌륭하게 소화하여 당당하게 합격했고 또 그 학교를 수석으로 졸업했다. 작은딸이 졸업한 인도의 Sysiya 중학교에 가면 수석으로 졸업한 학생들의 흉상이 세워져 있는데 그중에는 윤진이의 흉상도 있다. 필자가 한국으로 돌아와서 얼마 후에 현대 중공업에서 파견 나갔던 직원 가족이 찾아왔었다.

그들의 말이 자신의 아이를 그 학교에 입학시키러 갔었는데 한국의 모범적인 학생을 소개한다고 하면서 우리 작은딸의 흉상을 보여 주며 오히려 자랑까지 했다는 것이었다.

작은딸이 한국에 있을 때는 늘 언니가 함께 챙겨 주며 공부하던 습관이 되어 있었던 것 외에 기본적으로 성적은 좋은 편이었다. 그러나 영어를 능숙하게 하지 못하면서 외국 학교에서 현지 학생들과 어깨를 나란히 하며 공부하기란 여간 힘든 일이 아니었을 텐데 본인의 성공을 위해 잠을 안 자면서까지 무한 한 노력을 하여 수석 졸업과 함께 수석 입학까지 거머쥐었던 작은딸이 대견하기만 했었다. 그리고 인도에도 한국의 수학 능력 시험과 같은 제도가 있었는데 그 시험에서도 윤진이의 성적은 최상위를 기록했었다.

우리 가족이 인도에서 한국으로 돌아올 때 윤진이는 혼자 미국으로 건너가 공부를 하겠다고 해서 미국으로 건너가 미시건대학교에 입학을 했다. 미국에 가서도 우리 작은딸은 공부 이외에는 별다른 관심이 없을 정도로 열심히 했었다. 미국에서는 차가 없으면 이동이 거의 불가하여 늘 남의 차를 얻어 타고 다녀야 해서 불편한 생활을 하면서도 말 한마디 없었던 착한 딸이었다. '차가 곧 발과 같다'는 미국에서 차 없는 일상이 많이 불편

했는지 차를 사기 위해 돈을 모은다며 아르바이트를 하고 있다는 말에 필자는 아버지로서 가슴이 아팠다. 비록 중고차량이긴 했지만 윤진이가 아르바이트 한 돈에서 부족한 만큼 돈을 마련하여 차를 살 수 있도록 도와주었다. 그리고 윤진이 졸업식에 참석하기 위해 미국을 갔을 때 그 차를 몰고 행복한 얼굴로 마중을 나온 것을 보고 부모로서 같은 행복감을 느꼈었는데, 그 아이가 주는 행복감은 거기서 멈추지 않았다.

졸업식 장에서 발표된 작은딸의 수석 졸업 소식에 모두 깜짝 놀랐었다. 미국에서는 수석 졸업생 발표를 당 일에 한다고 했다. 그리고 대학 졸업 후 뉴욕의 한 보석상에 취업하여 다니고 있었는데 필자는 그렇게 미국에서 혼자 고생하고 있는 윤진이가 많이 안타까웠다. 그러던 어느 날 한국 이대부속 초등학교의 교사 모집공고를 보고 딸을 설득하여 시험을 보게 했던 것이 계기가 되어 한국에서 교사 생활로 정착하게 되었다.

당시 이화여대 부속 초등학교 교사 모집공고에 약 500여 명의 지원자 중에 우리 작은딸 한 사람만 교사로 발탁 되어 10여 년을 재직했다. 그런데 해외 대학교에서 공부하고 돌아왔다는 이유로 여러 난간에 부딪히며 고민하던 윤진이는 끝내 이화여대 부속초등학교를 사임하고 하버드에 가서 공부를 더 하고 싶다며 다시 미국으로 갔었다. 그리고 1년 만에 돌아와 현재는 영국 더 칼리지 스쿨에 교사로 근무하고 있다. 영국 더 칼리지 스쿨은 국내에 세워진 국제 학교로 미국과 영국의 교사 자격증을 모두 소유하고 있는 교사를 채용한다는 모집공고를 냈었는데 그에 적합한 인재로 각 지역에서 약 50여 명의 지원자가 원서를 냈었으나 그중 우리 작은딸이 합격 한 것이다. 윤진이가 근무 중인 국제 학교는 직원 자녀 두 명에 한 해 유치원부터 대학교 졸업까지 무상으로 교육지원을 해 준다고 한다. 어쩌면 그 아이의 열정적인 노력이 본인에게 좋은 결과를 가져오게 했는지도 모른다는 생각이 든다.

필자는 평생 공직에서 번 돈을 자식 셋의 교육을 위해 모두 투자했다고 해도 과언이 아니다. 만약 노후 자금을 준비해야 한다면 지금 직장에 다니면서 받은 급여를 열심히 모아야 할 것만 같다. 그리고 점점 나이 들어가는 우리 부부 곁에 자식 셋 중의 한 명은 함께 지내면서 서로 집안일에 대해 의논하며 살고 있다는 것만으로도 감사하다. 필자의 큰딸과 아들은 현재 한국에서 기거하고 있지 않으므로 가급적 작은딸은 한국에서 결혼하고 한국에서 살기를 바라고 있다. 작은딸의 성격은 큰딸과 전혀 반대로 온순하고 조용하다. 활동적이기보다는 혼자 조용히 있는 것을 더 좋아한다. 큰딸이 아내의 미적 감각과 미술에 대한 재능을 물려받았다면 작은딸은 아내의 음식 솜씨를 그대로 물려받은 것 같다. 작은딸이 만든 음식을 먹어 본 사람들은 '서장금'이라고 말할 정도로 음식을 잘 한다.

필자는 청와대 경호관이라는 특수한 직업 때문에 세 아이를 낳은 아내의 출산 때마다 단 한 번도 함께 해주지 못한 미안함이 있다. 아내가 첫 딸을 낳고 둘째도 딸을 낳았다는 소식을 들었을 때도 멀리 외국으로 출장 나가 있었는데 누구에게도 내색은 하지 않았지만, 아이가 태어난 기쁨보다 '세 번째는 반드시 아들을 낳아야지.' 하는 생각을 먼저 했었던 당시 필자의 마음이 작은딸이 자라는 동안 내내 미안한 마음으로 바뀌었고 그 아이가 자라는 동안 더욱더 많은 신경을 쓰게 되었으며 지금은 아들 같은 작은딸 윤진이를 누구보다 많이 사랑한다.

사춘기 때도 그 흔한 삐삐나 휴대 전화 한 번 사 달라고 떼를 써 본 적도 없고 젊은 애들이 입고 다니는 짧은 치마나 헐렁한 바지조차 걸쳐 입어본 적 없는 모범적인 아이며, 학용품을 살 때도 단돈 100원도 더 달라고 이야기해 본 적이 없는 아이가 우리 작은딸이다. 윤진이는 이화 여대 부속초등학교 선생님으로 있을 때 창조적 교육 프로그램을 만들어 '서윤진의 논문'이 유네스코 교육위원회에서 'Steam 교육 프로가 한국을 뜨겁게 달구고 있다.'라는 내용으로 떠들썩하게 만들 정도로 유능한 선생님이었으나 외국 학적을 소지하고 있다는 이유로 학교 내에서 겪어야 하는 여러 가지 시시비비 때문에 스스로 학교를 그만두고 잠시 한국을 떠나 있었는데 그만큼 더욱 성장한 지금의 모습이 더욱 자랑스럽다. 하나를 보면 열을 안다고 했듯이 윤진이는 심성이 지나치리만큼 고운 아이이고, 남을 위해 헌신할 줄도 알고 때로는 부모의 자리를 대신하여 주변의 사를 챙기며 다닐 줄도 아는 의리 있는 사람으로 성장해 대견하기만 하다.

작은딸이 어린 시절에는 큰딸한테 밀리고 아들한테 치여서 스스로 상처받는 일은 혹시 없었을까 내심 걱정스러웠던 때도 있었지만, 지금은 누구보다 우리 부부의 든든한 벗이자 멋진 여성으로 성장해 주어 고맙기만 하다.

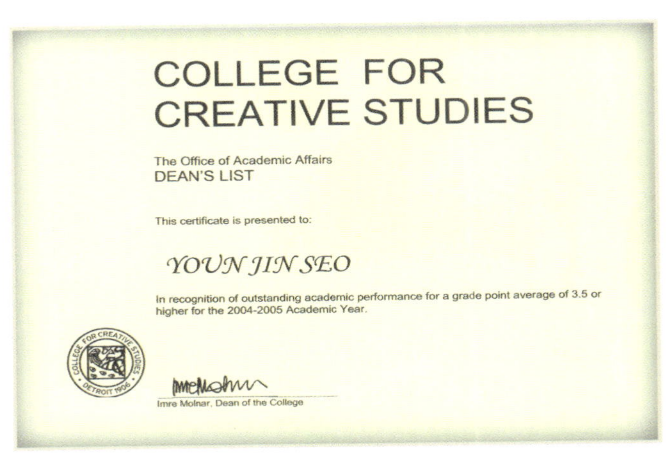

COLLEGE FOR
CREATIVE STUDIES

The Office of Academic Affairs
DEAN'S LIST

This certificate is presented to:

YOUN JIN SEO

In recognition of outstanding academic performance for a grade point average of 3.5 or higher for the 2004-2005 Academic Year.

Imre Molnar, Dean of the College

서윤진_장학증서

서 윤진_미국 미시건대학교 수석졸업

DulWich College School_ 영국 국제학교

Youn Jin Seo

Primary Art Teacher

Youn Jin was bor
and had the opp
Sishya school in C
formative years. S
Art at the College
Michigan, the Un
Scholarship Recip
her artistic skills a
International in F

서윤진_유네스코 교육 프로젝트 [이대부속초등학교]

유네스코 지속가능발전교육 공식프로젝트

지속가능한 미래를 창조하는 환경미술교육

2012 유네스코지속가능발전교육공식프로젝트 (이대부속초등학교)

❏ 사업 목적

- ㅇ 각 학년별 특색과 교육과정을 고려한 ESD 환경미술교육프로그램개발
- ㅇ 미래의 세계시민으로서 환경미술교육 프로젝트를 통한 ESD의 핵심 역량 강화 및 전 지구적 인류공동체로서 연대의식 강화
- ㅇ 지속가능발전교육 특징에 따른 간학문적 접근 구축

❏ 2013년 프로젝트 추진 배경

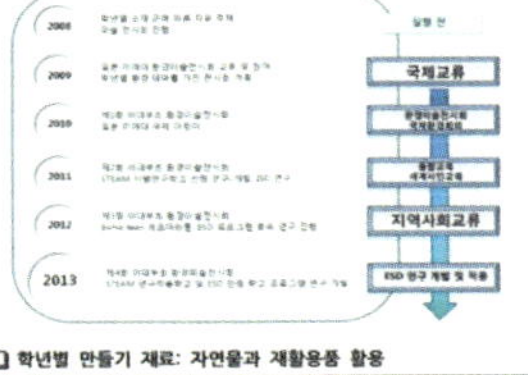

❏ 학년별 만들기 재료: 자연물과 재활용품 활용

재료군		품목
자연물		나뭇가지, 열매, 돌, 나뭇잎, 지푸라기, 조개껍질 등
종이류		색지, 색종이, 색 한지, 재생용지 등
점토류		아이클레이, 천사 점토, 지점토, 밀가루 점토, 유토 등
철사류		머루, 공예용 철사
재활용품	종이류	신문, 헌 책이나 잡지, 박스, 포장지, 우유곽 등
	캔류	음료수 캔, 캔 뚜껑 모음
	플라스틱류	생활용품 용기, 음료수 병 등
	폐품 활용	옷, 신발, 가방, 장난감, 책 등 (더 이상 사용하지 않으나 쓸모 없는 물건을 덧붙이거나 꾸며서 리폼하기)

❏ 학년별 만들기 주제 및 표현활동

대주제	소주제	학년	표현 내용	관련 교과 및 활동
자연 환경 및 우리나라의 아름다움 표현	아름다운 사계	1학년	생명이 움트는 봄, 성장하는 여름, 열매 맺는 가을, 충전하는 겨울 등 계절 속 변화를 통한 하나님에 대한 사랑과 감사(아름다운 계절풍경, 집, 사람, 나무, 생물, 새, 동물, 곤충, 해, 달, 구름, 무지개 등)	•슬생/즐생 : 변화 - 계절의 변화에 따른 생활 - 색의 변화 - 생활모습의 변화 •슬생/바생/즐생 : 환경 지킴이 - 쓰레기 재활용 및 처리(쓰레기와 환경과의 관계, 분리수거, 재활용)
	바다 속 여행	2학년	신비로운 바다, 다양한 해양 동/식물, 바다와 관련된 동화나 영화의 주인공	•슬생 : 다양한 생물의 세계 - 여러 가지 종류의 동, 식물 •바생 : 우리는 환경 지킴이 - 아픈 자연을 지키고 보호하는 방법 •슬생 : 에너지와 놀아요 - 다양한 에너지의 개념 - 생활 속 에너지
	아름다운 우리나라	3학년	우리나라 상징물(태극기, 한복, 무궁화, 독도, 김치 등), 문화재, 의/식/주	•과학: 나는 꼬마 피브르 - 다양한 동,식물의 한 살이와 성장 조건 •사회: 고장생활의 변화 - 옛날과 오늘날의 의식주, 생활도구, 여가생활의 변화
지구촌 문제 및 환경 보전 (Save the Earth!)	동물들이 사는 법	4학년	각 대륙별 동물들과 서식지에 대해 조사하고 이를 디오라마로 만들어 보기	•도덕 : 환경(인간과 환경) - 자연을 사랑하는 마음 •과학: 생태계 - 먹고 먹히는 관계 - 벼랑에 선 토도
	알록달록 생활공예 속으로	5학년	-생활 속에서 사용되는 다양한 실들을 사용하여 평면작품으로 표현하기 -다양한 재활용품 및 폐품들을 이용하여 새로운 공예품으로 만들어 보기	•실과: 바느질, 뜨개질
	환경 친화적인 삶	6학년	자연과 인간이 더불어 살아가는 환경 친화적인 삶을 주제로 생활 속 다양한 물건들을 가지고 새롭게 디자인해 보기	•사회: 환경을 생각하는 국토 가꾸기(자연과 더불어 사는 인간-환경 친화적인 삶) •과학: 환경문제, 자연보호(지구가 아파요!) •세계시민교육: 세계시민의식 함양(어린이 세계시민으로 살아가기)

❏ 프로젝트 성과

- ㅇ 환경교육의 한 부분으로서 환경미술교육 프로그램 특성화
- ㅇ 표현위주의 창작활동에서 지속가능한 미래를 생각하는 환경미술전시회로서의 의식 변화
- ㅇ 융합인재교육(STEAM) 리더스쿨의 지도교사로 참여

❏ 파급효과

- ㅇ 환경미술작품 제작 경험을 통해 지식을 생활에서 실천할 수 있도록 교육 효용성 증진
- ㅇ 환경미술교육프로그램을 학교교육과정의 중점사항으로 운영하여 일회적인 행사가 아닌 지속가능한 프로그램으로 정착
- ㅇ 환경미술전시회를 통해 학생, 교사, 학부모, 관련 기관 및 지역 사회 시민들의 ESD에 대한 인식 변화 및 적극적인 참여 강화
- ㅇ 환경미술전시회를 통한 지구촌 환경 살리기 캠페인 확산

차녀 서 윤 진 의 프로필

現 DulWich College School

영국 국제학교, 미술교사

前 이대부속 초등학교 교사

경기 초등학교졸업,

상명 대학교 부속중학교 졸업

인도 Sysiya 사립 고등학교 수석졸업

미국 미시간 주립대학교

_수석졸업

이화여대 교육대학원 졸업

2002년 국제꽃박람회

_영어통역봉사

2002년 월드컵 문수경기장

_영어통역봉사

나의 분신

우리나라 나이로 33세.
1986년 6월에 하늘에서 축복으로 주신 귀한 아들 서 동한.
현재 호주 정부, 과학기술원에서 수석 물리학 연구원으로 있는 필자의 아들은 호주 시드니 공대에서 물리학 석, 박사 학위를 취득한 재원이다.
그곳에선 'Michael SEO'라고 불린다.

필자의 작은 분신 동한이는 어린 시절 한국에서 자랐다. 청와대 직원 자녀들의 복지시설인 유치원을 다녔고, 초등학교는 경기 대학교 부속초등학교를 졸업했다. 그리고 아들이 중학생이 되었을 무렵 필자가 청와대를 나와 한전기공에 입사하여 인도에 사무 총괄 책임자로 발령받아 나가면서 큰딸은 학교 관계로 한국에 남아 이모 집에서 통학하게 했었지만, 아내와 작은딸, 그리고 아들은 함께 데리고 갔었다.

필자는 인도에 가서 약 3%에 해당하는 상류층 자녀들만 다닌다는 Sisiya중학교에 아들을 입학시켰다. 물론 쉽지 않은 과정이었으나 다행히 그 학교에 다니게 된 아들은 처음에는 영어를 잘 하지 못했는데도 뜻밖에 친구도 많이 사귀면서 잘 적응했던 것 같다. 우리 아이들은 한국에 있을 때 아내가 미 팔군 부대에 있는 미군 장교를 알게 되어 그 사람에게 영어 과외를 시키며 노력했는데도 그 당시 다른 평범한 아이들처럼 영어가 노련하지 못해 처음에는 고생을 좀 했었지만, 지금은 세 아이 모두 본토 발음으로 완벽한 영어를 구사한다.

아들이 인도에서 중학교를 졸업하고 고등학교에 입학했을 때 필자는 4년간의 인도 사업 프로젝트를 마치고 귀국해야 했다. 그때 작은딸은 제2의 진로를 '미국'으로 선택했고 반면 아들은 어린 나이였음에서 누나를 따라가지 않겠다며 학교 페이스북에 공유된 호주 학교에 관한 내용을 보고 호주에 관한 관심을 보였었다. 부모 된 처지에서는 부모 형제를 떠나 홀로 지내게 될 어린 아들의 앞날이 걱정되긴 하였지만, 아들이 나래를 펼 수 있는 곳이라면 보내야만 했는데 그전에,

"그래도 좀 더 강국인 영국이 좋지 않겠느냐?"는 부모의 제안에도 아들은 본인의 의지가 강해서 결국 '호주'를 선택하여 고등학교도 시드니로 옮기게 되었다. 이후 아들은 시드니 공대에 입학하고 그곳에서 줄곧 장학생으로 공부했다.

대학에서 물리학을 전공한 아들은 대학원에서 석. 박사 과정을 3년 만에 마스터했을 뿐만 아니라 전 학년을 수석으로 졸업한 인재였다. 호주 정부에서는 한국인이 그토록 놀라운 논문과 연구 결과로 우수한 성적을 거둔 데 대해 적극적으로 칭찬을 아

끼지 않았으며 호주 과학기술원에 입사를 제안하여 현재까지 CSIRO에서 일하게 되었다. 호주 정부의 과학 기술원인 그곳에서 아들은 2014년 호주 물리학계 선정 최우수 박사로 선정되어 최연소 수석 연구원으로 있는데 아들보다 나이 많은 후배들이 꽤 많이 있다고 한다.

아들이 호주에 가서 처음부터 공부를 그렇게까지 잘했든 것은 아니었다. 처음 호주에 혼자 갔을 때는 난생처음 부모와 헤어져 혼자 지내면서 한창 사춘기의 나이였던 아들이 한국에서 온 다른 친구들과 어울려 허송세월 하던 시기가 있었다. 아들이 어울려 다니던 친구 중에는 결손 가정의 아이들이 있었는데 그들의 부모가 그 아이들을 제대로 관리하지 못하자, 한국인 아디들끼리 어울려 다니며 수업도 빠지고 게임방에 다니는 등 혼자 공부하는 호주 생활에 적응을 못 하고 있었다. 그런 한국인 친구들의 무리 속에 착하기만 했던 아들이 점차 어울려 놀면서 학교 수업에도 들어가지 않고 게임방에도 가서 시간을 보내는 등 그 애들과 다를 바 없는 생활을 하고 있었는데 문제는 거기서 끝난 것이 아니었다. 학교에서는 아들이 한 달 이상 학교 수업을 빠지고 있을 때부터 아들을 케어(care) 해주고 있는 가이드(guide)에게 서면으로 '결석 통지'를 보내고 있었는데 그 친구 중데 한 아이가 중간에서 그 서면이 올 때마다 없애고 있었기 때문데 장작 3개월 동안이나 아들의 가이드(guide)는 당연히 아들이 학교에 잘 다니고 있는 줄 알았다. 그렇게 학교에서는 계속 '결석 통지'를 했는데도 아이가 학교에 나오지 않자, 결국은 본국의 필자에게 메일로 최후 통지를 보내온 것이다.

'편지(letter)를 전달받은 서동한의 학부모는 2주 이내에 호주 정부 학교 대의원회로 빨리 출두해라.'라는 내용이었다.

필자는 그 메일을 받은 날 바로 다음 날 새벽 비행기를 예약하고 호주로 날아갔다. 갑자기 호주에 도착한 아버지를 보자 아들은 무척 놀라는 얼굴이었으나 필자는 아무것도 모르는 것처럼, 그리고 아무렇지도 않은 얼굴로 반갑게 인사를 했다.

"잘 지냈니? 몸은 건강하니?" 그리고는, "호주 정부 학교 교육위원회가 어디니?"라고 침착한 목소리로 물었다.

더 이상 아들에게 단 한마디도 건네지 않았지만, 사색이 되는 얼굴이 본인의 잘못을 짐작하고 있음이 분명해 보였다. 그런 아들을 뒤로 한 채 아들의 가이드(guide)와 함께 학교 교육 위원회를 찾아가자 그곳에는 여섯 명의 위원이 앉아 필자에게 질문을 던지기 시작했는데 필자는 그러한 교육 위원회 앞에 큰절을 하며 엎드렸다. 그 모습을 보고 깜짝 놀라는 그들 앞에 간곡하게 빌었다.

"단 한 번만 기회를 주십시오. 두 번 다시 이런 일이 있으면 그때는 스스로 귀국 조치하겠습니다. 한 번만 용서해 주십시오."

언제 뒤따라 왔는지 아들은 아버지의 모습을 뒤에서 다 보고 있었던 모양이다. 학교에서 나오는 길에 아들의 가이드(guide)에게

"내일부터 2주 동안 우리 아들의 등. 하교를 같이 다니면서 봐 주세요."라고 당부를 했다. 그리고 그 뒤에 숨을 죽이고 서 있는 아들에게 다가가 애써 따뜻한 목소리로 물었다.

"동한아, 호주에서 안 가본 곳이 어디니?"

평소에 호랑이 같던 아버지가 불호령을 할 줄 알았는데 전혀 낯선 모습에 아들은 당황한 듯했지만 이내 서럽게 울기 시작했다.

"울지 마라, 아버지에게 네가 가고 싶은 곳을 안내해 봐라."

그날은 그렇게 아들과 시드니 변방 끝까지 구석구석을 구경하며 다녔다. 그리고 어둑어둑 해가 질 무렵, 다시 아들에게 말을 건넸다.

"너도 이제 성인이고 가끔은 여자 생각도 나고 할 텐데. 그런 곳이 어디 있느냐? 아버지를 그곳으로 안내해라. 아버지랑 같이 가자꾸나." 싫다고 질색을 하는 아들을 앞세워 함께 택시를 타고 그런 곳에 도착해서 아들의 등을 떠밀었다.

"아버지는 바깥에서 기다릴 테니 들어갔다가 나오너라."

아들은 손사래를 치며,

"안 돼요. 아버지. 저 이런데 들어가면 안돼요!"

"아버지 입회하에 즐겨라. 젊을 때 해야 된다."

필자는 오히려 아들을 설득했다. 아들의 입장에서 보면 그 상황은 차라리 아버지가 큰소리로 야단치고 종아리라도 때리는 것이 더 마음이 편했을지 모른다. 그 날의 시드니 투어(tour) 이후 아들이 완전히 딴 사람이라도 된 듯 달라지기 시작했다.

그 이후 고등학교 2학년 올라가면서부터 졸업할 때까지 전 과목 올 A+를 받는 장학생이 되었다. 때 마침 호주의 대학 입시 평가에는 2, 3학년 성적만 반영하는 제도로 1학년 때 잠시 소홀히 한 탓에 1학년 성적이 별로 좋지 않았던 아들의 운이 좋았던 것이다.

호주에 가서 초기에 있던 일은 아들이 잠시 철이 없던 사춘기였다고 생각한다. 아들이 3살쯤 되었을 때 세검정 삼거리에서 잠시 손을 놓쳐 잃어버린 적이 있었다. 그런데 그 조그만 아이가 울지도 않고 집까지 혼자 찾아와 모두를 놀라게 하여 지금도 집에서는 '동한이 사건'이라고 말을 한다. 또, 아들은 필자가 읽으려고 사 두고 다 읽지 못한 삼국지를 한글을 깨우치자마자 5~6살 때 대 여섯 번을 반복해 읽고 더 나아가 한국사를 줄줄이 외우는가 하면, 수학을 뛰어나게 잘하기도 했지만 수학을 좋아하는 아이였으며 초등학교 시절엔 전국 문화부 장관 배 웅변대회에서 최고상을 받기도 했다. 중학교 때는 외국에 있었다고 해서 영어만 했던 것이 아니라 천자문도 모두 암기하는 특수함을 보였고 공부만 잘하는 것이 아니라 운동까지 잘하는 아이다. 특히 골프는 필자를 버금갈 정도로 잘하는 아이라서 필드에서도 필자의 자랑거리다.

아들과 대화를 하다 보면 이미 세계를 앞지르는듯하여 섬뜩할 때가 있다. 한국은 이제야 접는 액정 폰이 출시되지만, 필자는 이미 몇 년 전에 아들에게 접는 액정 폰에 대한 이야기를 들은 바 있다. 더 나아가 앞으로는 차가 공중에 떠서 다니는 시대도 올 거라고 하는데 본인이 그래픽을 이용하여 초경량으로 만들 수 있다고 하면서 콩에서 추출한 물질로 쇠보다 200배 강하고 가벼운 물질을 만들 수 있다는 것은 놀라지 않을 수 없다.

아들이 고등학교 2학년 여름방학 때 귀국해 있을 때였다. 천주교에서 새로 '신부'가 되기 위한 서품식을 마친 12명의 신규 신부들의 축하를 위해 필자는 점심 한 끼를 대접하게 되었었다. 그때 12명의 사제는 필자에게 감사의 인사 대신 필자의 아들에게 강복을 해 주었다. 가톨릭교회에서는 사제 서품 성사를 받은 시기를 '신부'의 성령이 가장 충만 한때라고 보는데 그러한 사제 12명이 아들의 머리 위에 손을 얹고 복을 내려 주었으니 분명 아들의 미래가 보이지 않는 광채로 가득할 것이라 믿었었고 그 미래가 현재의 영광으로 펼쳐지고 있다고 생각한다. 그래서 필자는 지금도 매주 일요일이면 아내와 함께 쉬지 않고 새벽 미사를 드린다.

2014년, 국내에서는 물리학 교수로 국가 석학 중의 석학이라 명성이 자자한 성균관 대학교 이영희 교수가 전국에서 물리학을 공부하는 대학생들을 위해 세계적인 석학 20명을 선정하고 초청

하여 성균관 대학교에서 토론회를 했었다. 그 무렵 아들이 물리학 박사 학위를 취득하고 호주의 과학 기술원에 입사하여 수석 연구원으로 일하고 있을 때였는데 이영희 교수가 초청 한 20명의 세계 석학 대열에 당당히 올라 유일하게 발표하게 되어 발표를 마치면서 그곳에 모인 국내에 우수한 물리학도 들의 박수갈채를 받기도 했었다.

그해 가톨릭 송년 미사에서 추기경님이 그러한 아들을 알아보시고 아들에게 격려 은총의 말씀과 함께 강복을 해 주셨다.

"더욱더 성장하여 세계적인 과학자로 노벨상을 받아라."라고.

그때를 마지막으로 지금까지 한국에 올 시간이 없어 오지 못하는 것이 안타깝긴 하지만, 최근에 아들은 2018년 호주 정부에서 최고 과학자로 선정되었다는 기쁜 소식을 전해 왔으며 세계적인 물리학자로 거듭나고 있는 아들은 2017~2018년에 동안에 실린 논문 중에 가장 훌륭한 논문이라는 평으로 해당 논문지의 표지 모델이 되고 영국 왕립 학술지 표지 모델로도 나왔었다.

이렇듯 아들은 세계적인 명성을 얻어 호주 정부 내 연구원에서 연구하는 물리학자인데 동양인이다 보니 호주인 들은 약간은 배척을 하는 것 같다며 끝까지 살아남겠다는 각오가 오히려 대단하다. 심지어 아들이 근무하는 과학 기술원에서조차 선임 연구원들이 아들의 공로를 윗선에 보고하지 않고 있다가 뉴스에서 아들의 기사가 보도되고 나서야 높은 분들이 알게 되었다고 한다. 그래도 그 덕분에 현재는 별도로 윗선의 관리를 받게 되고 호주 정부 전체의 물 관리를 아들이 해 주고 있다고 한다. 아들은 아프리카 오지에 오염된 물 때문에 고생하는 사람들을 위해 해 줄 수 있는 일이 무엇일까 고민을 하다가 하나의 역사를 바꿀 수 있는 필터를 연구하게 된 것이다. 독극물도 필터링하면 깨끗한 물이 된다는 아들의 논문을 아는 사람들은 이제 아들을 '워터가이(Water Guy)'라고 부른단다. 이렇게 되기까지 누구의 도움도 없이 많은 노력을 했다고 생각을 한다.

이제 대한민국으로 돌아와서 도움이 되는 물리학자가 될 수 있다면 좋으련만 아들을 반기는 기관보다는 배척하는 기관이 더 많은 곳이 적폐청산(積弊淸算)이 가득한 한국이 아닐까 하는 생각이 든다. 전 세계에서 활동하는 한국인들은 많은데 한국에선 흡수하지 못한 채 그 나라 정부들에서 스카우트하는 현실이 안타까울 뿐이다. 아들 역시 호주 시드니의 수자원 공사와 미국 펜타곤 네이비 해군성에서 스카우트 제의를 받은 상태라고 한다. 한때는 중국에서도 성장 급의 인사를 통해 중국의 15개 성 물 관리를 맡기고 싶다는 의견으로 스카우트 제의를 해 왔다며 필자에게 그 의견을 물어와 한마디로 거절하라고 말해 주었었다. 그뿐만 아니라 B 자동차 회사에서도 거액의 돈을 줄 테니 논문과 기술을 판매하라는 제안을 했다고 해서 그 역시 하지 말라는 의견으로 조언했었다. 아들 역시 자신의 연구 논문이 본인이 돕고 싶은 국가의 국민을 위해 쓰이길 바라는 것만큼 속이 넓고 깊어 기특하기만 하다. 아들이 한국인이다 보니 군대 문제에 부딪혀 우선은 계속 입대 연기 신청을 하고 있었는데 호주 정부에서는 아예 국적을 호주로 옮기라고 권유하고 있다고 한다. 필자가 안타까운 것은 세계로 점점 알려진 아들의 존재를 한국에서는 단 한 줄의 보도 기사로도 게재되지 않아 존재감이 없다는 것이다.

첫 딸을 낳고 둘째도 딸을 낳고 보니 아들을 얻기 위해 필자는 필사의 노력을 했었다. 6개월 이상 채식 위주의 식사 등 체질 개선을 위한 식이요법은 물론이고 아들 낳는 데 도움이 된다면 모두 다 집중하면서 공들여 낳은 하나뿐인 아들이 세계적인 물리학자로 잘 자라주어 필자는 더없이 행복하다.

서동한_2009 시드니 공대 수석졸업

ASPIRE & EXCEL

Sishya

ANNUAL INTER-HOUSE
ATHLETICS MEET 2001

CERTIFICATE OF MERIT

This is to certify that DONG HAN SEO

of CAUVERY House, B Division

won the THIRD place, in the SHOT PUT event.

Principal Physical Director

서동한_Sishya School졸업 골드메달 수상

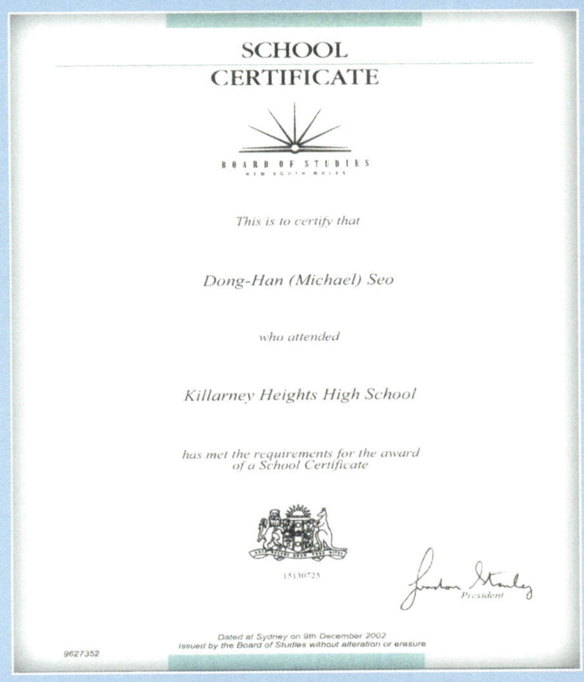

SCHOOL
CERTIFICATE

BOARD OF STUDIES
NEW SOUTH WALES

This is to certify that

Dong-Han (Michael) Seo

who attended

Killarney Heights High School

has met the requirements for the award
of a School Certificate

15130725

President

Dated at Sydney on 9th December 2002
Issued by the Board of Studies without alteration or erasure

9627352

서 동한_Killaney High School 최우수 졸업

www.MaterialsViews.com

ADVANCED ENERGY MATERIALS
www.advenergymat.de

FULL PAPER

Structure-Controlled, Vertical Graphene-Based, Binder-Free Electrodes from Plasma-Reformed Butter Enhance Supercapacitor Performance

*Dong Han Seo, Zhao Jun Han, Shailesh Kumar, and Kostya (Ken) Ostrikov**

Vertical graphene nanosheets (VGNS) hold great promise for high-performance supercapacitors owing to their excellent electrical transport property, large surface area and in particular, an inherent three-dimensional, open network structure. However, it remains challenging to materialise the VGNS-based supercapacitors due to their poor specific capacitance, high temperature processing, poor binding to electrode support materials, uncontrollable microstructure, and non-cost effective way of fabrication. Here we use a single-step, fast, scalable, and environmentally-benign plasma-enabled method to fabricate VGNS using cheap and spreadable natural fatty precursor butter, and demonstrate the controllability over the degree of graphitization and the density of VGNS edge planes. Our VGNS employed as binder-free supercapacitor electrodes exhibit high specific capacitance up to 230 F g^{-1} at a scan rate of 10 mV s^{-1} and >99% capacitance reten[...] discharge cycles at a high current density, when the c[...] of graphitic structure and edge plane effects is utilise[...] performance can be further enhanced by forming stal[...] nano-architectures which synergistically combine the[...] VGNS and MnO_2. This deterministic and plasma-uni[...] VGNS may open a new avenue for producing functio[...] advanced energy storage devices.

1. Introduction

Owing to continuous increase in the demand for [...] storage, supercapcitors have attracted strong attention [...] their distinct advantages such as high power density, lo[...] time, and fast charge and discharge capability.[1,2] Supe[...] itor is an ideal energy storage device to complement or [...] batteries and fuel cells in various applications rangin[...]

uninterruptible power supplies, pacemakers, consumer electronics, to hybrid electric vehicles and heavy load levelling.[3] However, for practical usages supercapacitors also need to satisfy a few important criteria, including high specific capacitance, stable charge and discharge property, large capacitance retention, as well as cost-efficient and environmentally-friendly fabrication.[4] These criteria to a large extent are determined by the structure, morphology, reactivity and binding of electrode materials in the fabrication process.

Recently, vertical graphene nanosheets (VGNS) showed great promise as super-

D. H. Seo, Dr. Z. J. Han, Dr. S. Kumar, Prof. K. Ostrikov
Plasma Nanoscience
CSIRO Materials Science and Engineering
P.O. Box 218, Lindfield, New South Wales 2070, Australia
E-mail: kostya.ostrikov@csiro.au
D. H. Seo, Prof. K. Ostrikov
Plasma Nanoscience@Complex Systems
School of Physics
The University of Sydney
New South Wales 2006, Australia

DOI: 10.1002/aenm.201300431

Adv. Energy Mater. 2013,
DOI: 10.1002/aenm.201300431

서 동한
2013
'신에너지 물질'
보도자료

innovationchallenge

INNOVATION C

MANUFACTURING, CONSTRUCTION AND INFRASTRUCTURE

Tackling big issues from space to the Earth's surface

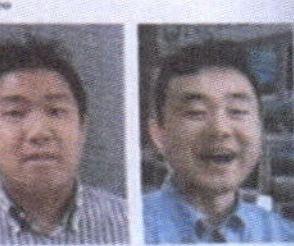

Clockwise from main picture, Daniel Shaddock, Shi Yin, Neil Graham, Hajime Suzuki and Dong Han Seo

Clever ideas that will reap environmental rewards

CHERYL JONES

smart watering idea

호주최대 일간지
탑 기사
_서동한
'발명왕 5인' 선정

서 동한_2014 호주 물리학계 최우수 박사 선정

Australia Institute of Physics
New South Wales Branch

AWARD FOR POSTGRADUATE
EXCELLENCE IN PHYSICS

Presented to

DONGHAN MICHAEL SEO

From the

University of Sydney

In recognition of outstanding achievements in Postgraduate Research

AIP Postgraduate Coordinator

18 Nov 2014

Date

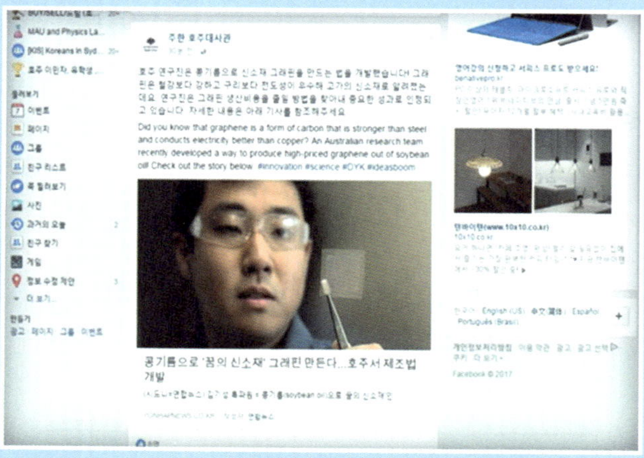

서 동한_주한대사관 홈페이지 등재

유튜브-서동한 호주 '발명왕 5인' 선정

호주의 연방과학원 (CSIRO)의 서동한 박사가 세계 최초로 그래핀으로 만든 정수 필터를 발명하는 획기적인 업적을 이루었습니다. 이로써 전세계 수백만 사람들에게 깨끗한 식수가 제공되고 세계적인 수자원 부족 문제를 해결할 새로운 대안이 생겼습니다. #호주연방과학원

CSIRO research scientist, Dr Dong Han Seo announced his groundbreaking research and discovery, that could solve the global problem of water scarcity and provide clean drinking water for millions of people around the world. #CSIRO #purewaterfuture

See translation

australiaunlimited.com
A pure water future
CSIRO research scientist Dr Dong Han Seo has made ground...

서동한_2017-18 논문지 표지

장남 서동한의 프로필

現 호주정부 과학기술원 CSIRO 수석연구원

서울 경기초등학교 졸업
인디아 Sysiya 중학교 과정 졸업
호주 킬라라 고등학교 수석입학/수석졸업
호주 시드니공대 수석입학/수석졸업
호주 정부 과학자 5인에 등록

네이쳐지 논문3편 금상
기재싸이언스 논문 1편 금상기재
영국 왕립 학술지 표지 모델 등극
왕립 학술지 최고상 획득
호주 정부 2018년 과학자 선정

아들에게 보낸 편지

장한 나의 아들. 서 동한에게.

부제 12명이 사제 서품을 받고 온 가족이 오찬 모시던 때가 네가 고등학생이었지..
그때 그 12명의 사제들이 너의 머리에 강복해 주던 모습을 머릿속에서 지울 수가 없구나. 그것이 얼마나 큰 선물이었는지 아버지로선 잊혀 지지 않는다.
한국 순교 복음 사제님들께 다시금 머리 숙여 매주 새벽 미사 중 기억하며 강복을 빈다.
또한 염 수정 추기경께서 귀한 시간을 내어 너에 대한 강령과 함께 사진을 찍고 난 후에 더 큰 뜻을 품고 국가를 위해 기개를 펴고 노벨상도 가능하게 강복하셨다.
그 모습을 본 주변의 다른 형제들이 미리 사진이라도 찍어 두어야겠다고 말하던 생각이 사뭇 떠오른다. 더욱 정진하여 국가를 위해 더 큰 나래를 펼치기 바란다.
수고했다. 내 아들아!!
지금부터는 건강과 더 큰 영적 지혜를 청원하기 바란다.
미카엘 동한 서 박사께 큰 족적을 한 획을 남기길 바라면서 너의 생각이 세계 평화에 쓰이길 바란다.

2017년 2월 1일

- 서울에서 아버지로부터.

8. 행복

봉사

필자의 일과는 잠에서 깨면 가장 먼저 Bed making부터 한다. 물론 필자가 하지 않아도 아내가 알아서 하겠지만, 사람이 일어난 자리의 정리 정돈부터 잘하지 못하면 다른 일도 잘할 수 없다는 기본적인 마인드를 갖고 있기 때문이다. 그리고 저녁에 샤워했더라도 아침 출근 전에 반드시 샤워한다. 샤워하는 시간은 일과를 시간 별로 머릿속에 정리하는 시간이기도 하고 예전에는 의전과 같은 중요 일정을 꼼꼼하게 체크하는 시간이기도 했었다. 그리고 매일 출근하는 장소라도 응대하게 되는 상대와 일정에 따라 격에 맞는 의복을 준비한다. 그리고 중년 이후의 건강을 생각하여 담배와 술은 절대 하지 않는다. 단 건배를 위한 한 잔술은 예의상 받는다. 하루 업무를 마치고 저녁 식사 후에는 한강 변을 산책하며 일만 보 이상 걷기를 실천한다. 그와 더불어 다음 날 일정과 한 주간의 일정을 재정비한다.

필자는 삶을 곧 '영업'이라고 생각한다.

그래서 주변에 선, 후배나 혹시 다른 곳에 어려운 곳이 없는지 돌아보고 버는 돈의 30%는 필자가 생각하는 '영업'에 쓴다는 것을 실천하려고 노력한다. 그것은 결혼 축의금이 될 수도 있고, 장례식 조의금이 될 수도 있겠지만, 혹자는 주변 경조사에 꼭 참석하는 사람으로 알려져 있다. 선의를 베풀면 선의로 돌아온다는 것을 필자는 믿기 때문에 좋은 마음으로 돈을 쓴다.

자녀들에게 최상의 교육과 삶에 꼭 필요한 기능을 하나씩 꼭 가르치겠다는 생각으로 최고의 학교와 미술을 배우게 하였다. 그리고 아이들에게 말하기를, "혹시 인생의 길목 어디서나 궁핍한 생활이 닥쳐도 남을 가르칠 수 있는 재능이 있다면 절대 굶지 않을 것이다. 아버지도 선친께서 시골에서 서울로 유학을 보내 주셔서 이만큼 성장할 수 있었다. 너희도 세상 넓은 곳을 이해하고 머리에 담는다면 지구 안에서 자기 위치와 무엇을 할 것인가에 깨닫게 될 것이다."

필자는 아이들이 어릴 때 온 가족이 두 달 동안 미국이라는 대국의 52개 주를 돌아보는 대장정을 통해 그것을 실천하였다. 특히 뉴욕, 맨해튼, 백악관, 그랜드 케넨, 디즈니랜드 등 유명한 곳 들을 다녀온 것이 아이들의 가슴에 각인되었던 것 같다. 그때 찍은 사진들을 보면 우리 가족 모두 참 대단한 일을 해 낸 것 같다. 아내가 사진기와 Video 카메라를 어깨에 메고 다니며 고생도 많이 하긴 했지만 지금 생각하면 그때 찍어 둔 사진들이 추억이 되고 값진 경험이 되어 잘했다는 생각이 든다. 지금은 시대가 변하여 그 당시 촬영한 영상이 담긴 비디오테이프를 USB로 저장하여 아이들에게 영원히 간직하라고 나누어 주었다. 자녀들에게 유형으로 남겨주는 재산도 필요하겠지만, 아이들이 훌륭하게 성장하는데 밑거름이 되어 준 미국 여행은 세금 없는 올바른 무형의 증여를 미리 했다는 생각이 든다. 가끔은 뉴스 미디어 상에 상속세 및 증여세에 대한 탈세 소식이 들려올 때마다 필자는 미국 여행이 담긴 USB로 값진 무형의 자산을 증여한 보람을 느낀다.

필자는 가족들에게 늘 말한다.

"아버지는 나이가 들어도 나이에 걸맞은 직장을 지속적으로 찾아서 일할 것이다." 그리고 스스로 '만약 내가 출근할 곳이 없다면?' 하고 생각해 본 적이 없다. 필자는 한 평생 쉬지 않고 일을 해 왔던 사람이라서 소속감이 없어지고 쉰다는 데 대해 개념이 서지 않는다. 그래서 가급적 일을 최대한 일을 손에서 놓지 않기 위해 부단히도 체력 단련을 하며 건강 유지를 위해 노력하고 있다. 그리고 늘 새로운 도전으로 자기 발전을 도모한다. 4차 산업에 대한 관심으로 지금도 서강 대학교에서 공부도 하고 가상 화폐 블록체인 마이닝에 관여하고 있다. 필자뿐만 아니라 노후를 걱정하고 있는 모든 아버지 세대의 분들은 젊은 세대에

뒤처진다고 생각하지 말고 새로운 세계로 도약하며 열심히 따라가야 한다는 생각을 해 본다.

예전에는 아들과 딸들에게 좋은 자료들과 신문기사 들을 정리해서 E-Mail로 보내 읽어 볼 수 있도록 했었다. 하지만 지금은 SNS가 발달하여 외국에 있는 자녀들과의 소통이 훨씬 쉬워져서 참 좋다. 카카오톡 애플리케이션에서 자녀들과 '단체 대화 방'을 만들고 시간대 별로 세계 뉴스, 국내 뉴스, 중요 사안 등 미디어에서 다루지 않는 내용들까지 매일 발췌하여 올려 줄 수 있어 예전보다 몇 배는 편리해진 것 같다. 가족들이 해외에서 생활하고 있어 한국 내 소식과 현 안 상황에 대해 알아야 대처를 할 수 있겠다는 생각에 가족들이 해외 생활을 하고 있는 수십 년간 필자가 보내 준 자료들이 쌓여 제법 많은 양이 되었다. 또한, 이러한 자료들을 필자를 아는 지인들이 보내 달라고 요청하는 이들이 있으면 가까운 지인들에게도 보내 준다. 필자는 '한번 인연이라고 생각한 지인들과는 아무리 어렵고 고단한 일이 있더라고 함께 하려고 노력한다.'라는 신조를 가지고 있다.

요즈음에 와서 유아원, 유치원, 또는 요양원이나 요양 병원 등이 많은 문제가 대두되고 있다. 수십 년 전 대통령이 스웨덴에 방문하기 전 필자가 사전에 답사한 적이 있었다. 그때 필자가 직접 가서 보고 머릿속에 깊게 남아 있는 곳이 있는데 바로 국가에서 운영하는 요양원이다. 그곳은 60세 이상의 노인이면 누구나 갈수 있는 곳으로 그 요양원에서 생활하는 노인들을 돌보는 요양 보호사가 젊은 여성들이었다. 현재 한국에도 요양 시설이 많이 생겨나고 요양 보호사 제도가 생겨 많이 발전하고 있긴 하지만, 요양 보호사의 역할을 하고 있는 사람들은 대부분 할 일 없는 나이 많은 중년의 여성들이 재취업의 개념으로 일하고 있는 실정이다. 그러나 당시 필자가 봤던 스웨덴 요양원에는 젊은 여성들만 요양 보호사로 일하고 있었던 점이 지금 생각해 보면 한국의 초창기 간호사의 역할과 같았다는 생각이 든다.

그들은 노인들에게 하루 종일 책을 읽어주고 운동을 할 수 있도록 도와주고 수영장에 들어갈 때는 아예 수영복으로 갈아입고 같이 물속으로 들어가서 노인을 부축하여 물 안을 걷게 하거나 손을 잡아주며 수영을 도와주는 모습을 보았었다. 식사시간에도 함께 하는 것은 물론이고 잠자는 시간까지도 심지어는 자장가도 불러 주는 것이었다. 그리고 오후에 단체로 영화 관람을 한 이후에는 노인분들의 전신마사지도 요양 보호사가 직접 했으며, 마지막으로 환자가 잠든 후에야 당직 근무자에게 인계하고 퇴근하는 모습이 정말 인상적이었다.

그곳은 시스템 자체가 모두 1대 1로 보살피는 제도인 것 같았다. 그러한 제도가 모두 국민의 세금으로 운영된다고 했는데 그러려면 국민들은 나라에 세금을 얼마나 내야 하는 건지 물어보았더니 모든 국민이 총수입의 약 50%에 해당하는 금액을 세금으로 낸다고 했다. 대신 자녀의 양육비, 학비, 여행 경비, 유학 비용, 휴가 비용까지도 정부에서 모두 보조해 주는 시스템이라고 했었다. 사실 다른 것들은 다 고사하고 노후에 자녀들에게 짐이 되어 편히 지내지 못하는 노인 문제가 가장 심각하다는 생각이 든다. 필자는 이러한 문제의 해결 안으로 많이 가진 자들의 헌신적 기부에 의해 펀드 조성 재단을 만들어 스웨덴 못지않은 요양원을 만들어 운영해 보고 싶다.

필자는 늘 '안 되는 일은 없다. 하면 된다.'라는 생각을 하며 모든 일을 추진해 왔으며 안 되는 일도 가능할 수 있도록 만들어 왔었다. 그래서 우리 가정에 가훈도 그렇게 정했다. 언젠가는 위에 말한 요양원도 꼭 만들고 말 것이다. 그리고 기부에 의해 지어진 건물의 입구에는 동판에 기부 한 사람들의 이름을 새겨 그 들을 영원히 기릴 수 있는 흉상을 만들어 그 이름과 함께 그들이 세운 재단을 빛내고 싶다. 필자 역시 그렇게 만들어진 요양원에서 지내며 생을 마감하고 싶고 누구든지 올 수 있는 유토피아를 만드는 것이 생애 보람이라고 생각하고 있으므로 그것을 꼭 추진하려고 한다. 이와 같은 재단이 만들어진다면 이것을 필두로 정부에서도 함께 하여 더욱 많은 시설이 만들어져 운영된다면 국민 모두가 노후에 길거리의 홈 리스가 없어질 것이라고 생각한다. 미약하지만 각 시 도 별로 한 곳씩만 이러 한곳이 만들어져서 운영되어 간다면 누구든지 찾는 돌봄 기관으로 성장할 수 있을 것이라고 믿는다.

작은 실천이 행복한 나라, 유토피아의 나라, 삶과 이별하면서도 아름다운 좋은 곳이 될 것이라 믿어 의심치 않으며 필자의 주변 지인들께 수렴 청정하여 완성해 보고자 한다. 선의와 배려의 마음으로 봉사와 기부를 한다고 해도 세상에는 원천적으로 잘못된 길을 걷고 있는 안타까운 일도 많이 있다. 오래전 필자가 한전기공에서 근무할 당시 교도소에 있던 김 군을 선도해 보고자 교도소에서 한전기공으로 입사하는 조건으로 회사 기숙사와 숙소를 오가게 하며 1대 1로 '멘 토'를 지정하여 기능공이 되는 직업 훈련과 함께 급여도 지급했다. 그런데 한 달쯤 지났을 무렵 김 군은 또다시 절도죄로 경찰에 잡혀 교도소로 되돌아가야 하는 신세가 되어 지켜보던 많은 이들을 안타깝게 했었다. 어느 경찰관이 한 말이 문득 생각난다.

'제 버릇 X 못 준다.'는.

필자의 가족은 구성원 모두가 타의 모범이 되고 글로벌 시대에 끊임없는 자기 개발과 외국어 능력을 함양해야 한다는 평소 소신으로 온 가족이 유창하게 영어를 구사할 수 있게 되었다. 이에 현대 사회가 아무리 각박해져 가고 있지만 적어도 우리 가족만이라도 남들에게 봉사를 생활화하고 남을 배려하는 마음을 가져야 한다는 취지로 2002년, 안면도 국제 꽃 박람회와 월드컵 경기에 온 가족이 통역 자원봉사를 하게 되었으며 우리 사회의 밝고 따뜻한 사랑이 넘치는 등불이 되고자 노력을 했었다. 더 많은 시간으로 함께 하고 싶은 마음이 간절하지만, 각자의 본분에 충실하느라 흩어져 있는 현재가 그저 아쉽기만 할 뿐이다.

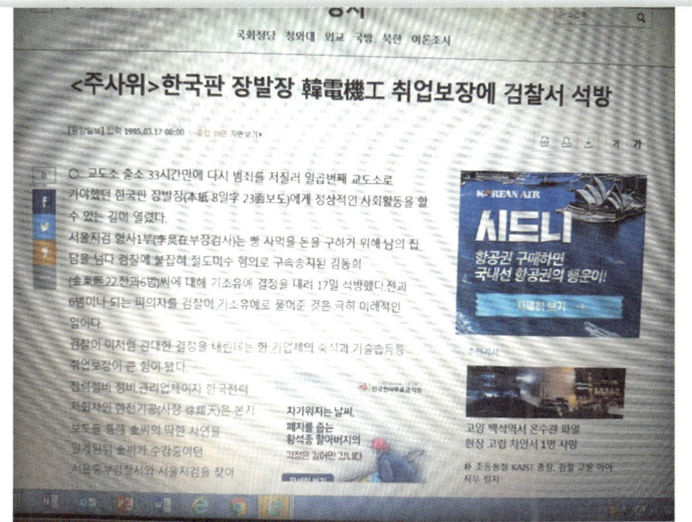

한국판 장발장 韓電機工 취업보장에 검찰서 석방 유료

... 김동희(金東熙.22.전과6범)씨에 대해 기소유예 결정을 내려 17일 **석방**했다.전과 6범이나 되는 피의자를 **검찰**이 기소유예로 풀어준 것은 극히 이례적인 일이다. **검찰**이 이처럼 관대한 결정을 내린데는 한 기업체의 숙식과 기술습득등 ...

중앙일보 | 1995.03.17

<주사위>한국판 장발장 韓電機工 취업보장에 검찰서 석방

[중앙일보] 입력 1995.03.17 00:00

○...교도소 출소 33시간만에 다시 범죄를 저질러 일곱번째 교도소로 가야했던 한국판 장발장(本紙 8일字 23面보도)에게 정상적인 사회활동을 할 수 있는 길이 열렸다.

서울지검 형사1부(李炅在부장검사)는 빵 사먹을 돈을 구하기 위해 남의 집 담을 넘다 경찰에 붙잡혀 절도미수 혐의로 구속송치된 김동희(金東熙.22.전과6범)씨에 대해 기소유예 결정을 내려 17일 석방했다.전과 6범이나 되는 피의자를 검찰이 기소유예로 풀어준 것은 극히 이례적인 일이다.

검찰이 이처럼 관대한 결정을 내린데는 한 기업체의 숙식과 기술습득등 취업보장이 큰 힘이 됐다.

전력설비 정비.관리업체이자 한국전력 자회사인 한전기공(사장 [illegible])은 본지 보도를 통해 金씨의 딱한 사연을 알게된뒤 金씨가 수감중이던 서울동부경찰서와 서울지검을 찾아

위 기사는 <1995. 3. 17. 중앙일보> 기사로 현재는 유료로 볼 수 있다

2002 국제 꽃 박람회장에서_통역 가족봉사단

온 가족이 외국어 능통 외국인 안내 도맡아

숨은얼굴

자원봉사

서준석씨 가족

온 가족 통역 자원봉사 신문 게제

자원봉사 참여

주 소: 태안군 태안읍 남문리 645
성 명: 서 준 석
분 야: 통역(영어)

귀하께서는 2002안
꽃박람회행사 기간(20
~5.19)중 자원봉사자
활동하였기 본 증서를

2002. 5. 19

(재)안면도국제꽃박람
위원장 나

자원봉사 참여증서

주 소: [illegible]
성 명: 서 지 원
분 야: 통역(영어)

귀하께서는 2002안면도국제
꽃박람회행사 기간(2002.4.26
~5.19)중 자원봉사자로 참여·
활동하였기 본 증서를 드립니다.

2002. 5. 19

자원봉사 참여증

성 명 : 양
소 속 : 서
활동분야 : 의

귀하는 2002 FIFA 월드컵 한국/일본™
자원봉사자로 참여하여 대회의 성공적
크게 이바지하였으므로 이를 기리
이 증서를 드립니다.

2002년 6월 30일

2002년월드컵축구대회조직위원회
정 몽 준 이 연

제 1399 호

2002 FIFA 월드컵한국/일본™

자원봉사 참여증서

성 명 : 양 재 옥
소 속 : 서울운영본부
활동분야 : 의 전 영 접

귀하는 2002 FIFA 월드컵 한국/일본™ 축구대회
자원봉사자로 참여하여 대회의 성공적인 개최에
크게 이바지하였으므로 이를 기리고자
이 증서를 드립니다.

2002년 6월 30일

2002년월드컵축구대회조직위원회 위원장
정 몽 준 이 연 택

제 72699 호

Anmyeondo International Flower EXPO

표 창 장

태안군 태안읍 남문리 645 삼성A 101-1305

서 윤 진

귀하께서는 세계적인 꽃의 대향연으로 국내·외 수많은 사람들에게 큰 감동을 주었던 역사적인 「2002안면도국제꽃박람회」 성공에 기여한 공이 크므로 이에 표창합니다.

2002년 11월 30일

충청남도지사 沈 大 平

eondo International Flower EXPO

표 창 장

태안군 태안읍 남문리 645 삼성A 101-1305

양 재 옥

서는 세계적인 꽃의 대향연으로 수많은 사람들에게 큰 감동을 인 「2002안면도국제꽃박람회」 공이 크므로 이에 표창합니다.

002년 11월 30일

도지사 沈 大 平

제 919호

표 창 장

양 재 옥

귀하의 지역을 아끼는 마음과 이웃사랑 실천이 세계의 중심 이제는 용산시대 를 만들고 있습니다. 그동안의 열정과 봉사에 감사드리며, 용산구민의 마음을 담아 표창장을 드립니다.

2018년 11월 27일

용산구청장 성 장 현

아내 양재옥의
2018년
용산구
'봉사' 표창장

사는 동안

무한 한 미래를 꿈꾸던 학창 시절에 필자를 만나 즐거웠던 시간보다 '그리움'으로 잠든 시간이 더 많았을 아내와 사는 동안 묵묵하게 필자의 옆자리를 지켜주고 아껴 준 정성에 진심으로 감사를 전하고 싶다. 아름다운 만남을 하던 학창 시절도 잠시였고 군에 입대해야 했던 애인의 청으로 머나먼 타향에서 직장을 다니며 요즘 말로 곰신(군인의 애인) 역할에 충실했던 아내는 홀로 외로움을 달래야 했기에 더욱더 미안했었는데, 기다림에 지쳐 주말이면 강원도 양구까지 면회 왔다가 돌아갈 길이 멀어 짧은 만남으로 만족하고 다시 돌아서야 하는 애틋한 연애 끝에 제대하고 바로 1980년 12월에 필자는 아내와 결혼을 해서 어언 40여 년을 함께 사는 동안 단 한 번도 '힘들다, 아프다'는 투정을 해 본 적이 없는 아내였다.

필자는 결혼하면서 아내에게 남편의 일거 수 일 투족에 대해 일절 물어보지 말 것과 아내의 학창시절 친구를 포함하여 외부에서 지인들을 만나지 말 것을 당부했었다. 그런데 그것까지도 필자의 이기심으로 받아들이지 아니하고 공직자의 아내로 청렴하게 살아야 하는 이유에서라는 것을 잘 알아주어 감사했다.

필자의 철칙 중에 남자는 가정을 책임져야 하는 의무가 있다고 생각하기에 필자가 벌어서 들여 주는 돈에 대해서는 아내가 쓰는 돈의 출처와 용도에 대해 단 한 번도 물어본 적이 없었다. 그렇다고 해서 흥청망청 쓸 아내가 아니라는 것은 누구보다 필자가 더 잘 알고 있고 또 그만큼 아내를 믿는다.

이제는 아내가 습관처럼 잘 챙겨주긴 하지만 그래도 필자는 늘 아내에게 아침마다 속내의와 양복을 깨끗하게 준비해 달라는 당부를 했다. 만에 하나 국가의 안위를 위해 일하다 위험에 처한 상황이 되면 병원으로 후송되는 경우가 발생하는데 아무리 급박한 경우에라도 의료 관계자들에게 다소 지저분한 속내의를 보이고 싶지 않아서였다. 그것이 습관이 되고 아내의 내조 덕에 청와대에 근무하던 시절부터 지금까지 40여 년 동안 새벽에 일어나 샤워를 하고 늘 깨끗하게 준비되어 있는 내의로 갈아입고 출근을 한다.

필자에게는 아내와 사는 동안 내내 본의 아니게 마음 한편에 자리한 무거운 짐이 있다. 남의 집 평범한 남편들처럼 세 아이들이 태어날 때 아내 곁에 한 번도 같이 있어 주지 못했다. 국내에 있었더라도 마음대로 움직일 수 있는 상황은 아니었지만 아이들이 태어날 때마다 하필 대통령의 해외 순방 길이 아니면 출장 중이었던 것이다. 아내가 홀로 집에 있다가 진통을 느끼면 병원에 택시 타고 혼자 가야 했었다. 출산을 앞두고 입원 수속을 위해 병원 측에서 보호자의 서명이 필요하다고 방송을 해도 보호자가 나타나지 않자 산모에게 보호자가 없냐고 물어보았다고 한다. “해외 출장 중이라 올 수가 없어요. 제가 대신 서명하면 안 될까요?”라고 대답했던 아내의 심정을 뒤늦게 들었었다.

필자는 그 말을 듣는 순간 아내에게 더욱 미안한 마음이 들었고 출산 때마다 함께 해 주지 못한 시간까지 더 많은 보상을 해 주고 싶었다.

대통령의 경호관은 늘 대통령과 함께해야 하므로 해외 출장도 많았었다. 전두환 前대통령의 수행 때 있었던 일이다. 버마(現미얀마) 아웅 산 장군 묘소에 가기로 되어 있었는데 윗사람의 지시로 미션이 바뀌게 되었다.

필자의 관사 옆집에 사는 한 경호관이 사전 선발되어 들어갔다가 3개월 전에 북한 특수 군에 의해 준비된 대형사고로 인해 많은 경제 관료들이 사망하는 참사가 일어났었다.

당시 필자는 대통령 전용기를 이륙할 준비를 빨리하라는 명을 받고 기내 청소 및 캐빈에 있던 비상식량을 기내로 이동 한 후에 버마 케더링을 접근금지 시키고 식수까지도 비상식량으로 대처한 후에 버마 공항 관계자에게 필자가 허용하지 않은 사람은 일체 접근하지 못하게 하고 식량은 모든 인원들에게 컵라면과

생수 1통씩 만 지급하도록 단단히 지시하는 등 제3의 공격에 대비하여 완전히 봉쇄하고 차단시켰다. 그리고 대통령 전용기가 다음 행선지까지 이동 시에 필요한 연료를 점검했다. 마침 조종사가 도착과 동시에 보잉 747점보기 양쪽 날개에 20만 리터를 다 채워 둔 상태여서 어디를 가든 무방했다.
대통령께서 숙소를 떠나 공항으로 출발하면서부터 경계가 삼엄하게 이루어졌고 신속한 이동으로 출발 보고 후 10분 이내에 공항에 도착했다. 대통령께서는 버마 공항의 전용기에 도착하자마자 혹여 북한의 남침을 걱정하여 급히 귀국을 결정하셨다.

그 무렵 한국에서는 경제 관료 및 경호관 순직자 발표를 하고 있었는데 그 순직자 명단에 '경호관 서준석 사망'으로 발표되어 가족들은 남편과 아빠를 잃은 슬픔으로 가득 차 있었던 것이다. 아내는 아이들 아빠 없는 세상을 어떻게 살아가야 할지 막막해 하며 정말 사망했을까 하는 의심도 하면서 이틀 밤을 꼬박 새웠다고 했다. 그러던 중 때마침 새벽 방송에 대통령 전용기가 김포 공항에 도착하고 있는 생방송 중계를 아내가 보았다고 한다. 그런데 대통령 뒤에 멀쩡하게 살아서 함께 내려오고 있는 남편을 확인하고 그 기쁨은 말로 표현할 수 없을 만큼이었다고 한다. 그렇게 대통령을 모시고 무사히 한국에 돌아오자 아내는 이렇게 말했다.
"당신은 불사신 같은 사람이라서 그렇게 쉽게 돌아가지 않을 거라고 믿었어요."라고 말이다. 어쩌면 필자는 아내의 믿음과 기도 덕분에 무사히 돌아왔는지도 모르겠다.

그 많은 나날 동안 숱한 위험 속에서 매일 비장한 마음의 각오를 다잡을 수 있도록 믿음과 정성으로 용기를 주었던 '내조의 여왕' 아내에게 무엇으로 보답할까 많은 고민을 한끝에 이제 막내인 아들까지 크게 성장하였고 세 자녀를 세계 속에 우뚝 서게 만든 아내에게 필자는 평생 가슴에 남을 시를 봉헌하기로 하였다.

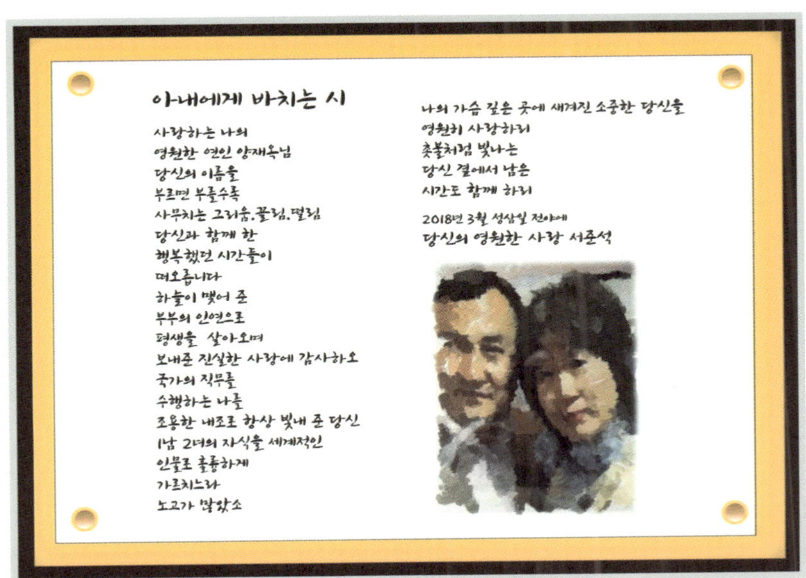

'아내에게 바치는 시'를 담은 액자

2018년 3월. 우리 가족의 기쁨을 늘 믿음으로 함께 기뻐해 주시는 '여명회' 여러분을 모신 조찬 자리에서 '아내에게 바치는 시'로 봉헌식을 하였었다. 마침 그때 우리 아들 동한이가 호주 정부 내 과학자 대표로 선정되었다는 기쁜 소식도 들려와 더 큰 축복이 된 시간이었다.

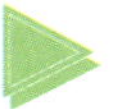

아내에게 바치는 시

사랑하는 나의 영원한 연인 양재옥님.

당신의 이름을 부르면 부를수록 사무치는 그리움, 끌림, 떨림.
당신과 함께한 행복했던 시간들이 떠오릅니다.
하늘이 맺어 준 부부의 인연으로 평생을 살아오며
보내준 진실한 사랑에 감사하오.
국가의 직무를 수행하는 나를 조용한 내조로 항상 빛내 준 당신
1남 2녀의 자식을 세계적인 인물로 훌륭하게 가르치느라
노고가 많았소.
나의 가슴 깊은 곳에 새겨진 소중한 당신을 영원히 사랑하리
촛불처럼 빛나는 당신 곁에서 남은 시간도 함께 하리.

2018년 3월 성삼일 전야에

- 당신의 영원한 사랑 서준석.

오스트리아_스와브르스키 본사 및 공장방문

'여 명 회'

경호실 강철구 부부 &필자부부

필자의 정신적 지존이신 前부산로타리 클럽 총재 임태옥 회장님과

아프리카 방문_케냐 사파리호텔 디너쇼 노영관 사장부부&필자부부

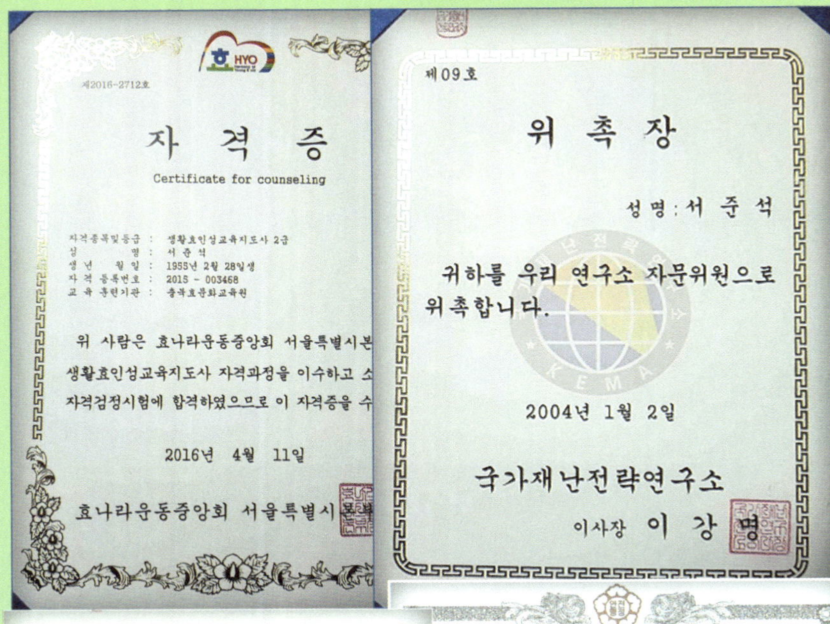

제2016-2712호

자 격 증

Certificate for counseling

자격종목및등급 : 생활효인성교육지도사 2급
성 명 : 서 준 석
생 년 월 일 : 1955년 2월 28일생
자 격 등록번호 : 2015 - 003468
교 육 훈련기관 : 충효문화교육원

위 사람은 효나라운동중앙회 서울특별시본
생활효인성교육지도사 자격과정을 이수하고 소
자격검정시험에 합격하였으므로 이 자격증을 수

2016년 4월 11일

효나라운동중앙회 서울특별시본부

제09호

위 촉 장

성명 : 서 준 석

귀하를 우리 연구소 자문위원으로
위촉합니다.

2004년 1월 2일

국가재난전략연구소

이사장 이 강 명

제128572호

교원자격증

주민등록번호 550228~1329119

성명 서 준 석

1955 년 2 월 28 일생

자격 중등학교 2급정교사 체 육

교육법 소정의 자격기준에 의하여 위의 자격이 있음을 인정하고 이 증서를 수여함

1978 년 3 월 6 일

문교부장관

1 검정종별 무시험검정
2 법정해당자격기준
교육법제79조별표(1)자격기준제 5 호
3 수여조건 해당 없음

MINISTRY OF SECURITY AND PUBLIC ADMINISTRATION

행정사 자격증

○ 행정사 종류 : 일반행정사
○ 자격증 번호 : 14100000840
○ 성 명 : 서준석
○ 생 년 월 일 : 1955년 02월 28일
○ 주 소 : 서울특별시 용산구 한강대로10길 14, 101동 604호 (한강로3가, 쌍용아파트)

위 사람은 「행정사법」 제5조에 따른 행정사 자격이 있으므로 같은 법시행령 제18조 및 같은 법 시행규칙 제6조에 따라 이 자격증을 발급합니다.

2014년 08월 22일

안전행정부장관

Chapter 5.

삶의 귀로

No. 12

CBA | SEOUL NATIONAL UNIVERSITY | GSB

Executive Programs

Present this

Certificate of Achievement

to

Jun Seog Seo

in recognition of your completion of

Advanced Auditor Program

Seoul National University

August 30, 2007 ~ February 28, 2008

College of Business Administration & Graduate School of Business

Su-Keun Kwak, Dean of CBA

서울대학교 경영대학원 최고 감사인 자격

㈜한전 원자력연료_우측에서 두 번째 : 필자

일산 KINTEX 개원식 주빈으로 참석_우측에서 두 번째 : 필자

왼쪽부터_ 동일하이빌/몽골상공회의소/필자/몽골IPU그룹 회장/러시아정유회사 사장 / 前금감원

9. 살아가는 이유

찬미 예수님

결혼 전부터 아내는 가톨릭 신자였다.
아내의 인도로 천주교회에 함께 다니며 필자는 '베드로'라는 또 하나의 이름을 얻었다.
아내의 세례명은 '로사', 큰딸 지원이는 '안젤라', 작은딸 윤진이는 '가브리엘라', 아들 동한이는 '미카엘'이다.

필자는 처음부터 믿음이 충만하지는 않았으나 하느님을 섬기는데 소홀히 하지는 않았다. 아내와 가정을 이루고 살면서 하느님께서 주시는 축복이 얼마나 큰 힘이 되는지 깨달을 때마다 믿음은 자연스럽게 강해지고 있었나 보다. 서품 성사를 마친 열두 명의 신부들에게 강복을 한 몸에 받은 아들이 훌륭한 모습으로 성장하는 모습을 지켜보면서 더욱더 그 믿음은 충만해져 지금은 아내와 함께 주일마다 새벽 미사와 기도를 생활화하고 있다.

우리 가족은 하루의 시작과 마감 후에,
'우리 가정을 위한 일일 기도문'을 낭송 후 이를 묵상 한다.

◀ 우리 가정을 위한 일일 기도문 ▶

우리 가정을 사랑하시는 아버지 하느님
가족 모두의 벗 되시는 예수 그리스도와
일치의 뜨거운 불 이신 성령과 함께
모든 찬미와 영광과 흠숭을 받으소서

오늘 저희 가족은 삼위일체 하느님 앞에 부복하여
가족 모두를 위한 일일 기도를 봉 헌 하오며
하느님의 크신 자비와 사랑을 청 하옵니다.

하느님께서는 일찍이 저희 가족에게
서로 존경하고, 섬기며, 믿음으로서 사랑하는 것이
인간의 도리이며 행복의 바탕이고
만물의 주인 이신 창조주를 섬기는
참된 원리임을 가르치셨나이다.

이에 저희 양재옥(로사)와 서준석(베드로)는
인생의 황혼을 맞이하여 우리 가정 내에 자녀들과
행복하고 건강한 삶을 보내기를 기도하면서
가정생활에 기쁨과 보람을 항상 느낄 수 있도록

함께 오랜 시간을 사랑과 믿음 속에
서로 섬기는 자리를 마련하옵니다.

이러한 저희 가정을 소망과 노력을 눈여겨보시고
풍요로운 은총을 베푸시어 행복에 겨운 웃음소리가
양재옥(로사)와 서준석(베드로)의 가정 내에 가득하게 해 주시고
멀리 있는 자녀와 대소간 이웃에게 전파되게 하소서

그리고 이러한 작은 봉사와 희생이 실천 되어
저희 가족 신앙을 굳세게 하는 기회가 되고
성년이 된 자녀들에게는 사람을 어떻게 섬기고
어떻게 사랑 하고 믿음에 대한 산 경험이 되게 하소서

우리 주 그리스도를 통하여 비나이다.

-아멘-

신부는 신자들과 세상 안에서 예수님이 오신 빛의 모습처럼 세상을 밝히는 일꾼으로 성장하기 위해 끊임없는 공부를 한다. 필자와 같은 본당에 있던 신부께서 일본 프란체스코 수도원으로 가셨을 때 향수병으로 고생하지 않을까, 일본어 공부에 어렵지 않을까 걱정이 되어 필자는 글과 사진들을 보내드리며 위로하기도 하였었는데 그때 신부님이 필자에게 보내온 글들 중에 가슴에 남는 몇 글자를 여기에 옮겨 본다.

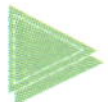 사순절을 맞이하여

서준석 베드로님.
바람 그 차갑고 거친 겨울 안에서
그 누구도 그 바람을 반가워하지 않지요.
위로 없는 응답 없는 침묵 안에서
그 바람을 포근하게 쉬게 할 봄이 곧 옵니다.
....중략......,
그날을 애타게 기다리며 조급해 하지 않기를 바랍니다.
침묵 안에서야말로 우리는
참 언어를 말하고 들을 수 있으며
대답 없는 고독안에서
참 신뢰 안에 위로를 누릴 수 있기 때문입니다.
......하략. -한원식 요한 신부 올림.

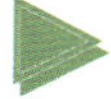 찬미 예수님

서준석 베드로님께.
.....중략......,

여운이 큰 바람 소리를 들었지요.
무척이나 신비롭고 또 쓸쓸 한 그 언어를 들으며
바람이 겨울바람이 나에게 이야기하더군요.
그 이야기가 그 고독이 그 독백이 마음을 울려
한참을 그렇게 앉아 있어야 했네요.
......하략. -오은규 요한보스코 신부 올림.

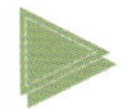

프란치스코 교황 내한

2014년 프란치스코 교황 성하께서 한국에 방문하셨을 때 아내 양재옥 로사와 함께 시복 미사에 참석을 했었다.

필자의 옆자리에는 공정거래 원장이, 그 옆을 보니 국가 권익 위원장, 그 옆은 서울 시장이 함께 자리했다.

또한 프란치스코 교황 성하와 눈빛으로 교감을 나눌 수 있을 만큼 빛나는 자리를 마련해 주셨으니 주님께 다시 한 번 감사를 드리는 시간이었다. 이에 더 낮은 자세로 봉사하고 섬김의 자세로 나눔을 실천할 수 있는 은총이 가득 한 시간이었다.

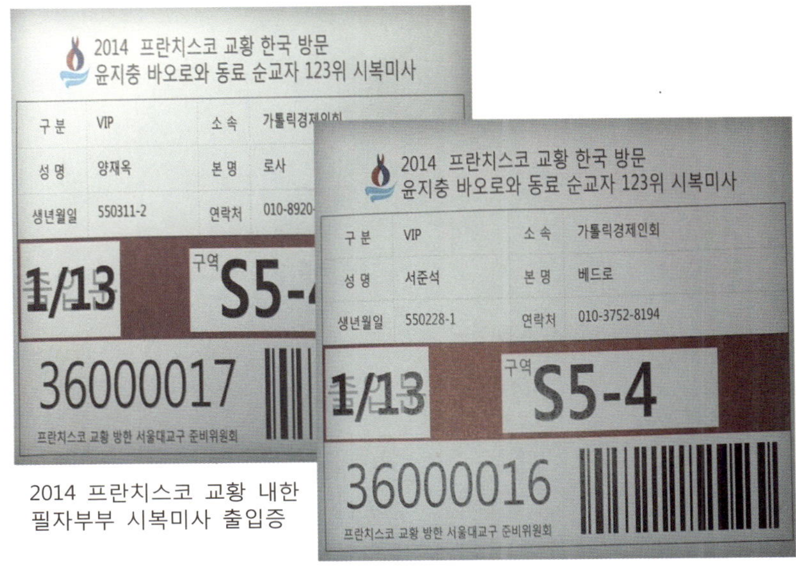

2014 프란치스코 교황 내한
필자부부 시복미사 출입증

요한 바오로2세 교황 성하님 내한

필자부부 염수정 추기경 서동한 박사 안부보고 / 우측 가톨릭경제인회 윤대인

정진석 추기경님과 함께

염수정 추기경님과 함께

필자의 견진성사 기념

제 2의 행보

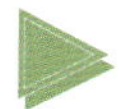

한전 기공(주)

필자는 청와대 경호실에서 20여 년간 근무하고 퇴임 후에는 한전기공(주)에 입사했다. 한전기공은 공기업이었지만 민간 경영 체제를 도입하여 공사 수주 전담반을 구성하고 운영하는데 일조했다. 당시 한전기공(주)은 공기업으로서는 최초로 컨소시엄을 통해 현대 중공업과 협력하여 인도 첸나이에 200만 MW 발전소를 건설하여 세계 최초 200만 MW 디젤 PowerPlant를 건설하고 운영하여 상업 운전을 성공리에 수행했고, 특히 기존 한국 정부와 인도 정부의 세금 협약서에 명시되었던 발전소 건설 및 운영으로 발생된 수익을 한국으로 송금할 때 인도 정부에 내는 세금(Overseas VAT10%)을 필자가 직접 인도 정부와 협상하여 4%까지 줄이는 성과를 거두었다.

필자는 공사의 설계 단계부터 직접 참여하여 품질 향상을 통한 고객 신뢰를 획득하였고, 사원들 간의 긴밀한 유대 관계 강화로 이익 중심, 성과 중심, 능력 중심으로 관리 시스템을 개발하는데 성공했다. 또한 철저한 저 비용의 원가 관리로 고 수익을 실현하여 성과 및 능력 중심 보상 제도와 우수 직원 포상 및 해외 연수 우선권을 부여하여 원가 절감을 위한 상호 협조 체제를 구축하고 열린 대화 분위기 조성으로 근무 분위기를 쇄신하는데 적극 노력했다.

"안 되면 되게 하라"는 신념이 가져온 최대의 성과이기도 했지만 청와대에서 근무했던 경호관 시절의 근성이 제대로 발휘되고 인내와 끈기가 함께 가동되어 한전기공뿐 아니라 국가 이익에도 크게 기여 한 업적을 내었던 시기였다.

인도 GMR그룹 첸나이 200만MW 준공행사_한전기공 인사소개
우측에서 두 번째_필자

인도재벌 '바사지' 부부초청_필자부부와 만찬

아래 좌측부터_필자/바차칸 회장/필자의 아내/러시아정유 대표

지존 후배 가족과 함께

동화홀딩스 그룹사 사장단

동화기업(주)

공무원으로 근무했던 경험 및 공기업에서 배우고 쌓은 경험으로 필자는 또다시 도약할 수 있는 기회로 55년 역사를 지닌 동화 기업(주)의 임원으로 발탁되어 동화그룹 경영 전반을 기획하는 경영 전략 실에 임용되었었고 그때 ERP 시스템을 도입 하게 되었고 노무 인력 효과 및 예산 절감을 통해 이익 창출하였으며 윤리 경영을 채택하여 동화 그룹을 현재 세계 굴지의 목재 회사로 부상 시키는데 이바지하였다.

그로 인해 경영 전반에 걸친 탁월한 능력을 인정받아 동화시마(주) 대표이사로 취임하였다. 동화시마(주)는 동화기업(주)로부터 대리점으로만 판매 전략을 설정하여 매출실적의 한계를 극복하지 못한 상황이었으나 건설사 도급 순위 50위 이내의 건설사와 협력 계약을 체결함으로써 취임 당시 연간 매출 액 80억 원에서 420억 원까지 달성하는 쾌거를 올리기도 하였다.

특히 동화시마(주)는 평생 고객 관리를 목표로 A/S에 중점을 두어 실시하며 초일류 기업으로 성장하고자 고객감동을 위한 B/S(Before Service)를 실시하므로 고객의 호응뿐 만 아니라 구전을 통한 홍보 효과를 극대화하는데 성공하였다.

그 외에도 불량 채권을 사전 관리하여 외상매입금 및 미지급금 기준 안을 만들어 운영함으로써 협력사로부터 원칙 있는 기업으로 인정받게 되는 등 현재도 동화기업(주)는 국내 최초로 2002년부터 주 5일제 근무와 윤리 경영을 실시하여 기업 사상 최초로 노사 분규가 22년째 없는 모범 기업으로 계속 성장하고 있는 기업 중 하나이다.

서울 시장과의 만남

2017년 9월.

서울시는 각 지역 별 사업과 리더 격의 인사 15명을 초청하였는데 필자도 그중 한 사람으로 시정 보고 회의에 참석하게 되었었다.

초청자들은 회의실에서 서울 시장에게 민원을 청원하였고 시장의 답변과 도시락 만찬을 들면서 진행되었다.

서울시 시정 보고는 시장 실에서 전자 상황판 보고로 이루어졌고 서울시에서 일어나는 크고 작은 일 들에 대한 상황 및 절차를 시장에게 신속하게 보고하고 그에 따른 조치와 더불어 문제 해결까지 정확하게 이루어지고 있었다. 그와 같은 업무 처리가 매일 쉴 새 없이 반복적으로 바쁘게 처리되고 있는 것을 확인하는 자리였다.

필자는 그날 이후 서울시의 행정에 대해 신뢰하게 되었다.

서울특별시 시정보고 회의 참석

박원순 서울시장과 함께

전국 시조. 창 경연대회 대회장으로 참석 / 정중앙 : 필자

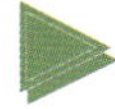

가상화폐 비트코인 광풍에 대한 RISK

비트코인은 '가상 화폐'라는 것이다.
모든 결제방식을 인터넷 디지털화해서 화폐를 사용하지 않고 결제를 하도록 하는 것이 목적이다. 하지만 그것만으로는 현재 상태에서 좋은 투자 토픽이 될 수는 없다.

첫째, 모든 거래는 아직도 국가가 지정 한 지폐만 거래를 인정하고 있기 때문이다.

둘째, 이 뜻은 아무나 비트코인이라는 것을 만들 수도 있다는 뜻이기도 하다. 한 마디로 은행들이 넘쳐 날 수도 있다는 것이다. 그것을 좋아할 은행 들은 없을뿐더러 국가가 그걸 용납하는 순간 경제는 아주 큰 혼란을 초래하게 될 것이다. 그래서 전 국가들이 비트코인에 콘셉트를 제재하려고 하는 것이다.

셋째, 세계는 지금 인터넷이 보급되어 인터넷 금융 서비스가 급격하게 발전해 왔지만 인터넷 금융 보안은 그에 비해 진전이 더디다고 할 수 있다. 한마디로 설명하자면 돈을 인터넷상에서 주고받는 건 용의하지만 그 돈을 인터넷 상에서 지키는 것은 어려울 수도 있다는 것이다. 그래서 비트코인은 해킹에 아주 취약하다고 할 수 있다. 지금 미국에서는 비트코인 저장소를 해커들이 공격한 사례가 있었다. 그렇게 한 번 해커들의 공격을 당한 회사는 망한다고 보면 된다. 그만큼 위험 요소가 크다. 애플리케이션을 연구하고 개발하는 사업체 들이 잘 되는가 싶다가 빨리 망하는 이유 중 하나이기도 하다. 그렇다면 그에 대한 보상은 어디서 하는 것인지 궁금할 것이다. 그래서 지금 전 세계에서는 해킹이 어려운 프로그램 설계자와 화이트 해커들의 연봉 계약 2억~3억 원에 서로 스카우트하려고 한다. 우리나라도 그러한 위험 요소가 많기 때문에 현재 비트코인을 허용하지 않고 있는 것이다. 비트코인이 정식으로 생겨나게 되면 각 나라의 리저브 은행들은 문을 닫을지도 모르며 환율도 없어질 수도 있다. 그 어떤 나라도 그러한 혼란을 바라지는 않을 것이다.

넷째, 모든 사업은 두 번째 무버(mover)가 돈을 번다고 볼 수 있다. 전자업계만 보더라도 첫 번째 무버(mover)였던 필립스 사(Philips)나 소니 사(SONY)의 경우 지금은 거의 존재하지 않고 있다. 이유는 고객들에게 교육해야 되는 사업은 절대 빨리 성공할 수 없기 때문이다. 비트코인도 지금은 겨우 소수만 알고 있는 고객 교육 상태라는 것이다. 결국 이 모든 회사들은 필립스나 소니(SONY)처럼 우리의 기억 속에 남을지는 모르겠으나 금장 사라지는 회사들이 될 것이라는 것이다. 요즘은 모든 사업가들이 엔트리와 승부를 내고 나서야 회사를 만든다고 할 정도로 한 판 승부로 돈을 벌 목적을 두고 있는 모양이다. 그러나 그러한 금융시장에서 돈을 벌려고 한다면 우리 집 누군가는 매일 매시간 비트코인의 가격이 올라가는지 내려가는지 지켜봐야만 한다. 그것은 비트코인의 주식 변동 발유가 50%가 넘는데 이 뜻은 주식 시장에 조작하는 세력이 있다는 뜻도 될 테니 왕창 벌고 빠지려는 세력 때문에 소액 투자자들은 피해를 볼 수밖에 없는 것이다. 그러니 이러한 곳에 시간을 허비할 바엔 차라리 가족끼리 식사를 한 번 더 하는 것이 더 좋은 시간 투자라고 필자는 얘기하고 싶다.

다섯째, 제4차 산업혁명 시대가 도래할 것에 준비한다면 블록체인의 일부분인 가상 화폐 접근하여 한 번쯤 가상 화폐 계좌는 만들어 두는 것은 미래를 위해 실제 정부가 인정하는 가운데 운영(運營) 하는 것도 바람직하다고 할 수 있겠다. 가상화폐 재단에서 만들어진 인터넷 애플리케이션 중에 추천한다면 단연 '업비트', '빗썸', '원코인' 3곳 일 것이다.

재단이 낸 명칭 중 주 거래 명은 비트코인, 이더리움, 리플, 라이트 코인 ,대시, 퀀텀, 제트 캐쉬, 모네로 등이 있다. 전 세계 비트코인 마니아들이 추천하고 가상 화폐 순위 5위 까지 꼽는다면 1위 비트코인 2위 이더리움 3위 리플, 4위 비트코인 캐쉬 5위 라이트 코인을 꼽고 있다. 이제 머지않아 아날로그 화폐에서 디지털 화폐로 전환되는 시대가 곧 도래할 것에 대비해 두는 것도 바람직하다고 볼 수 있다. 3년 전에 1백만 원을 비트 코인에 투자했다면 지금 20억 원의 수익을 챙겼을 것이라 생각된다. 현재 셀폰에서 마이닝 채굴이 이루어져 값비싼 전기료가 부담 되는 것을 낮출 수 있다.

이와 같이 휴대 전화에서 채굴하는 토토 스포츠 복권에서 개발한 '도나클', 'MIB' 코인이 내년 상반기 중 '국내거래소'에서 거래가 이루어진다고 한다. 휴대 전화에서 채굴한 코인은 실생활에 크게 도움이 될 것이다.

(주)한전기공_서준석 국민의식개혁 대전환 필요 기고

國民大學校

서준석(29回·營)

국가 참사에 대한 대처

나라에 큰일이 있을 때마다 그 일에 대한 대처가 중요하게 부각되고 있는 시대이다.

위기 상황이 발생하면 국민들은 '119'에 전화를 한다.

단순히 구조대를 부르기 위한 수단이 아니라 더 깊숙이 살펴보면 '119'의 위력은 청와대까지 연결되어 있으니 대단하다. '119'를 누르는 순간 육군, 해군, 공군, 기무사, 국정원, 소방 방재청, 검찰청, 그리고 중간 간부가 파견되어 24시간 운영되고 있는 청와대 내 NSC(국가안전보장회의)까지 연결되어 있는 것이다. 위 시스템은 주, 야간 사령이 교대 근무를 하며 해당 분야에서 콜사인을 받는 자는 전체적으로 상황에 맞게 파견관에게 지시 하여 추가적인 명령 하달이 주어지고 총괄 사령의 지속적인 조치가 진행 되어야 하는 시스템이다.

예측할 수 없는 사고는 언제든지 발생할 수 있고 대처가 중요하다. 그 때문에 이렇게 제도화되어 있는데도 세월호 참사와 같은 대형사고가 발생을 했을 때 어이없을 정도로 그에 대한 대처 방법이 총체적으로 시스템화되어 있다는 믿음을 주지 못해서 문제가 되었던 것이다. 더구나 해당 부처에서 임시적으로 획일적이지 못하게 움직여진 모습도 국민의 울분을 샀던 것 같다.

국가의 위기 및 재난 상황 등에 대한 모든 것이 한곳에서 지휘하고 조치되어 일사불란하게 파견관의 역할을 충실히 하게 된다면 어떠한 국지적 도발 및 위기 상황이 발생하더라도 신속하게(Speed) 정리될 수 있을 것이다. 그리고 그것을 분석, 평가하여 교훈 삼아 재발 방지에 노력해야 할 것이다.

문제는 국민들의 '안전 불감증'이다.

자기 직무에 종사하는 자는 근무 중 발생 요소를 여러 가지 측면에서 상기하고 영상을 그리는 자만 행할 수가 있다. 이것이 가장 중요한 요소 중 하나일 것이다. 예를 든다면 원자력 사이트 내에서 발생될 수 있는 상황을 머리로 늘 그려 보아야 행동이 나온다.

세월호 참사의 경우, 선장이 자리를 비우고 다른 용무를 볼 수도 있다는 점은 충분히 고려될 수 있다. 하지만 무엇보다 승객의 안전을 위해 본인이 자리를 이석하기 전에 위기상황 대처 방법을 우선순위로 생각하여 승무원들을 통해 승객들에게 위기 대처에 대한 방법을 미리 숙지하도록 했어야 했다. 그것만 지켰어도 그 정도의 참사까지는 일어나지 않았을 것이라고 예상된다. 그리고 국민의 알 권리도 중요하지만 언론사들의 경쟁적인 기사 다툼에 정작 중요한 그들의 업무를 방해하는 일이 없었으면 좋겠다는 생각을 먼발치에서 하게 된다. 예를 들어, 국민들의 애타는 마음과는 달리 경쟁하듯 다루는 기사를 보면 국정원이 어떻다는 등의 내용은 안타깝기 그지없다.

미국의 CIA, 영국의 M5, 독일의 GS G9, 이스라엘의 모사드, 프랑스의 쟌달므리 등 세계 모든 뛰어난 정보기관에서도 암약, 공작, 도청, 감청, 조정 등 이러한 일들이 24시간 진행되면서 국가가 존립 된다. 우리나라가 아직은 남북이 대치된 상황이기 때문에 이미 전문화된 조직체에 비전문가들이 필요 이상의 간섭도 삼가야 하는 것이 아닐까 하는 것이 필자의 작은 의견이다. 국내. 외에서 국가 보안 사항이라 누구라도 알면 안 되는 일들이 노출되는 것들이 그저 개탄스러울 뿐이다. 이러한 일들이 거듭된다면 우리는 무슨 정보를 얻을 수 있으며 무슨 첩브를 만들 수 있을까 하는 걱정이 앞선다. 필자가 이러는 것은 때때로 보이지 않는 그림자로 하여금 일부 소수보다 국익이 선행된다면 무엇이든 감행해야 한다는 자세를 배워왔기 때문이다.

세월호 참사는 국민의 한 사람으로서 안타까움을 금할 길이 없다. 필자뿐만 아니라 국민 모두가 타산지석(他山之石)으로 삼아 교훈으로 깊이 새겨 같은 일이 두 번 다시 일어나지 않도록 정신 무장이 필요하다는 생각이 든다. 누군가 솔선수범하여 작은 것부터 바로 잡아간다면 서서히 사회 전체가 바뀌어 갈 것이라 믿는다.

한국은 남북이 분단된 유일 국가이며 세계 IT 중심 국가이기도 하다. 첨단 기술, 기술 산업의 트러스트 구축, 높은 교육열은 쉴 새 없이 달려왔다고 할 수 있겠다. 이렇게 돌진만 하는 성취욕구가 국민의 '안전 불감증'을 만든 요인이 된 것은 아닌가 생각해 본다. 또 하나의 난제(難題)는 학연, 혈연, 지연, 종교 연 등이다. 국가 안전 처도 중요하지만 적재적소(適材適所)에 꼭 맞는 인재 등용이라 할 수 있겠다.

방재, 재난, 구급, 인명 구조 자격, 고공 낙하, 수영 고급, 심폐 소생술 자격, 자원봉사 6개월 이상, UN 산하 봉사 기구 종사자, 특수 용접, 스쿠버, 경호 안전 분야 종사자, 소방 구급 119 출신 종사자 등의 각 분야 경력자 중에서 2가지 이상 자격 소지자나 기획 연출을 했던 사람들은 진정한 리더십으로 이끌어 나갈 수 있지 않을까 생각해 본다.
강한 개혁과 통치권자의 의중을 얼마나 추진하느냐에 따라 국가의 흥망성쇠(興亡盛衰)가 결정될 것이다. '작금의 관피아다. ~모피아다. ~산피아다.' 이러 한 용어조차 만들어져서는 안 될 것이다. 모든 공공성 인력 구조상에 개혁을 지속 시키지 않는다면 대한민국 미래는 불을 보듯 훤하게 알 수 있는 일이 될 것이다. 지금의 세월호 참사를 통한 총체적 난맥 성을 고쳐 나가기 위해서는 국민들의 각자 처한 이익 집단별 내홍이 뒤따르지만 참고 인내할 때만 얻어지는 희망찬 미래는 약속된다는 것을 알려 줄 필요가 있다. 시기적으로 작금의 안전과 국민의 불안을 허소 시키는 가장 큰 국가의 한 획을 긋는 역대 가장 큰 역점 정책을 추진했다는 업적이 국민들 사이에 자자손손 이야깃거리로 전해질 것이다.

"다가오는 21세기의 주역이 되자"

서준석(29회·行)
한전기공(주) 감사실 부장

적극적·능동적 사고방식 훈련
변화하는 세계를 주도

(주)한전기공 서준석_"다가오는 21세기의 주역이 되자"기고

대통령 탄핵

선진국은 물론이고 대한민국 역시 해당 지역에 사건이 발생하면 해당 지역의 재해, 안전, 범죄, 재난, 국지적 도발의 초동대치는 해당 지역 경찰서장과 소방 방재 지휘관, 국립 최고 병원장이 숙의하여 1차 수습과 정리가 되고 보고가 아울러 진행된다.

세월호 사건은 해양 경찰청장의 진두지휘 하에 이루어져 해군에서 간섭을 하게 되면 지휘계통에 문제가 될 수 있었다. 그러한 경우에는 지원 요청이 있을 때 해군 작전 사령부에서 지원 배속시켜 지휘 통제권에 들어가 활동하게 되는 것이다.
대통령의 일정 자체가 1급 보안 사안임에도 지속하여 대통령 일정을 낱낱하게 드러나게 하려고 하는 것은 크게 잘못된 일이 아닐 수 없다.

국민들은 언론에서 계속 듣다 보니 그래도 되는 것처럼 인식하게 된다. 하지만 관저일지는 통제 구역 내 국가 기밀로 구분되는 사안으로 어느 누구도 열 수가 없게 되어 있다. 통제 구역은 일반 국민이 절대 보아도 안 되고 알아도 안 되는 지역으로 혹여 어쩌다 보게 되고 듣게 되었더라도 절대 발설해서 안 되는 국가 기밀이다. 어느 누구도 볼 수 없으며 대통령이 지시할 수도 없는 일이고 자료조차 열람할 수 없는 일인 것이다.

예를 들어 미국의 대통령이 중국을 방문하게 되었을 때 사용한 대, 소변 통조차 조용히 봉하여 미국으로 갖고 돌아간다는 것이다. 그것은 대통령의 건강 상태가 노출되는 것 자체가 그만큼 특급 보안이기 때문이다.

그런데 대한민국은 왜 대통령 실에서 발표하지 않은 사실들을 언론에서 국민들에게 또는 세계에 알려질 수 있도록 말하고 있는지 필자는 前대통령 前경호관으로서 비통함으로 묻고 싶다.

수많은 국민이 촛불을 들고 대통령의 탄핵을 외치고 있지만 그중 과연 몇 명이나 국가의 진정한 안위 걱정을 위해 나왔는지 그 또한 묻고 싶다. 일부는 노조 별로 전국에서 동원된 사항을 직접 현장에서 보았었다. 대통령의 '형사 소추의 건'은 대통령 임기 후 조사와 징벌을 받게 해도 되지 않았을까 참으로 안타깝기만 했다.

필자는 '최순실 사태' 청문회를 보면서 매일 묵도했다.

'청문회'는 영어로 'Hearings'이다. 이를 번역하면 '듣기', 즉 증인 들이나 참고인들의 진술을 '경청' 하여 문제의 원인과 발단을 파악하여 가장 합리적인 해결책을 강구해 나가는 지극히 과학적이며 논리적인 과정을 말한다.

심문에 임하는 국회의원들이 말 하는 시간 보다 증인들의 증언을 듣는 시간이 훨씬 더 많아야 한다. 청문회는 취조(InvestIgation)나 공판(Trial)과는 그 성격이 판이하게 달라야 하는 것임을 알아야 할 것이다.

(주)한전기공 서준석_상훈공적서

徐準錫

한전기공(주) 부장검사역

대통령 경호

대통령이 움직이기 전, 후에 경호 CP(지휘소)가 운영되고 있다. 거기에 CP장은 서기 관급이 총괄 지휘하게 된다. 그곳에는 각각 해당 분야의 기관 요원들이 유, 무선으로 자기 본연의 업무 중 해당 상황을 수시로 점검 보고 조치를 취하는 임무를 배정받고 있다.

대통령을 그림자처럼 수행하는 모든 직원 들은 늘 예상하지 못하는 상황에 대비하여 미리 머릿속에 그리면서 생활화한다.
대통령은 대한민국 국민을 대표하는 지도자이다.

대한민국의 대통령이 UN본부 방문을 하던 중 뉴욕 맨해튼 한 중심부 38번가 위험한 장소에 경호 인력, 지역, 소독조차 안 되어 있는 지역에 내려서 걸어가는 모습을 본적 있다. 필자는 그 모습을 깜짝 놀랐다.

만약 우회하는 예비 기동로가 확보되지 않았다면 경호관은 다른 방법을 찾았어야 맞는 것이다. 원래는 사전 선발대 요원들이 백악관 경호 팀과 협의하여 교통트래픽에 대한 대책을 세우고 우회하는 예비 기동로를 미리 확보해 놓았어야 하는 것인데 예비기동로가 확보되지 않는 곳에서는 절대 대통령께서 승. 하차

해서는 안 되는 것이다. 이것이 경호 불문율이다.

총기와 마약이 득실거리는 맨해튼에서 만약 대통령께 무슨 일이라도 생겼다면 어쩔 뻔했을까 생각만 해도 아찔하다.
대통령은 대한민국의 국부이다. 어찌 계획되지 않는 곳에 승하차 시킬 수 있는가 최소한 종심을 짧게 VIP LIMO는 기동 간 절대 멈춰서 안 되는 것이 경호 기법의 기본이며 세계 경호의 방법이기도 하다. 상대국 간 경호 협조 1순위가 그것인데 경호 인력은 가장 먼저 대통령의 안위부터 만들어 내야 한다. 그것이 곧 국력이라고 말할 수 있겠다.

미국의 경호 팀은 재무성 소속이라 미국의 대통령이 마음대로 지시하지 못하는 것으로 알고 있다. 백악관 근무도 각 주 별 경호 인력이 돌아가면서 배치되고 있지만 수행 경호팀은 각 주에서 차출하여 운영하는 것으로 알고 있다. 대통령의 해외 출장 및 국내 지역 행사에는 주 별 근무자가 선정되면 각자 맡은 포지션 별 개별 행사에 참가하여 시간 스케줄에 맞게 사전 미팅이 되고 맡은 업무에는 철저히 수행한다고 보면 될 것이다. 전 세계 경호 교육은 거의 유사하고 특히 대한민국 경호는 세계에서 인정한다. 한국 경호 교육 훈련원에서는 중동 지역, 아세아 지역, 아프리카에서 연간 나라 별 교육비를 지불하고 교육을 받고 가기도 한다. 가봉 공화국 대통령은 한국 경호팀을 파견해 달라고 요청 한 사례도 있을 정도였다.

국빈 방문이라 하면 늦어도 3개월 전에 외교부 의전 팀, 경호실 전담 선발 부장이 사전 정부 답사 팀을 꾸려 외교부 의전장이 중심이 되어 사전 방문 국의 외교부와 경호실과 사전 양 대통령의 동선과 방문 기간 중 묵는 숙소의 사용 협의는 물론 주재국 차량 제공에 따른 VIP LIMO 확인 및 경호 차량 인수 및 각종 경호 시설물 설치 인수 후 안전 유지 확보는 물론 전용기 도착 공항과 기상 악화 대비 인접 공항 확보 행사장 별 최기 병원 확보는 물론 비상 전원, 소방 및 앰블런스 확보 TAC CP를 운영해야 한다, 대통령의 숙소 담당 경호관은 미리 1박을 하면서 온도와 냉, 난방 체크와 심기 경호도 아울러 확인할 필요가 있다. 공항 트랩카 이용 시 영접인사는 누가 나오며 통상 국빈 방문일 경우 외교부 장관이 영접 나와야 되고 통상 시 대통령이나 최고 통치자가 나오는 것이 관례다.

정부 답사단은 수행 인원에 대한 표식, 비공식 수행 인사표식, 경호 요원에 대한 표식, 취재 수행 기자단의 표식을 사전 방문 국과 행사 전반에 따른 회의 간 다 이루어지고 표식에 대한 배지가 사진 인화된 것을 상대국 외교부와 경호국에 전달하여 숙지하도록 한 뒤 근무 하도록 하여야 한다.

국빈 행사든 State Visit, Official Visit, Working Visit 모든 행사에 취재 기자단이 외신과 수행 기자단에 편성되어 밀착 취재 시 동 사진과 정 사진, News writer(청와대PooL)이 짜여지면, 청와대 의전과 경호 취재 수행 기자단을 밀착 안내 및 지근거리에서 동 사진 또는 정 사진 요원들에 의해 블로킹을 만들어 주기도 하고 그림을 잘 만들도록 제공해주는 의무도 있다.

이 모든 행위가 경호 요원과 청와대 의전에서 행하여지고 사전에 교육이 안 되었거나 그림을 특종으로 만들기 위해 경쟁을 벌이다 실수로 일을 그르치게 할 수도 있다.
모 처에서 상대국 대통령 내외와 우리나라 대통령 내외가 기념촬영을 할 때 대통령의 위치가 바뀌어 고쳐 서도록 한 것에 대해서도 필자는 전직 경호관으로써 한 번 짚고 넘어가야 할 일이라고 생각한다.

상대국 대통령과 정상 회담을 하는 경우 회담 뒤 기자 질의에 대비하여 사전 텍스트를 미리 나눠주어 답변하는 방법과 기자들의 무작위 질의를 받게 된다면 한국 대통령과 상대국 대통령 간에는 VIP가 먼저 답변하는 것이 상례이다. 사전에 통역이 행사 성격과 정상 간의 주고받는 의제는 외교부로부터 미리 받아 공부를 해야 하는데 이러한 부분이 미리 되어 있지 않으면 명확한 통역이 되지 않게 된다.

공적 업무에 종사하는 국가 기관의 요원은 각자 자기가 맡은 책무를 소홀히 하여서는 안 된다. 아셈 국가 정상들이 모이는 장소에서는 정상들이 움직이는 시간대별 숙소 출발이 On-Time에 움직여야 만 의전에 문제가 발생하지 않는다. 각국 별로 도착하는 순서가 제대로 이루어지지 않으면 참석이 어렵다고 볼 수 있다.

대통령이 해외 순방 중에는 각료들과 지휘관 들은 해당 관할 지역을 벗어나지 않도록 각별히 유념해야 하는 시점에 대통령 비서실장은 부통령 행위를 해서는 절대로 안 된다.

대통령은 국가의 통수권자요 안보를 책임지고 있는 국민의 어버이로서 통치를 잘 할 수 있도록 청와대 모든 가족 들은 솔선수범하고 자기희생을 해야만 할 것이다.
이것은 전직 대통령 경호관의 평론이다.

11. 리더의 덕목

희생

리더는 자기희생을 각오해야 하는 사람이다. 그리고 함께하는 조직을 위한 내일을 누구보다 먼저 준비한다.
필자는 평생을 나라와 기업의 일원으로 일하며 리더의 자리에서 지켜야 할 덕목에 대해 연구하여 이제는 후배들에게 아낌없이 이야기해 주고 싶은 마음으로 이 책에 적어보려 한다.

리더는 첫째 약속을 잘 지켜야 하며 그와 더불어 신용 또한 잃어서는 안 될 것이다. 리더라면, 본인의 이익보다는 거래하는 상대가 부자가 될 수 있도록 노력하는 미덕을 보여야 한다. 그렇게 하면 파트너(or고객)로부터 많은 주문과 감사의 인사가 밀려오게 되는 교훈을 아래 사람에게 보여 줄 수 있게 될 것이다.

리더는 다른 부서의 업무를 본인의 업무보다 우선으로 처리해

주는 선의를 베풀 줄 알아야 한다. 그리하면 화합으로 보답받을 수 있는 모범적인 결과를 낳을 수 있을 것이다. 리더의 생각이 조직을 바꾼다는 것을 명심해야 한다. 쉽게 판단할수록 일을 그르치게 만들 수 있다는 것쯤은 미리 알아야 한다는 것이다.

본인이 설정한 목표가 달성되었다고 본인만 좋아한다면 탐욕이 많은 리더가 된다는 사실을 알아야 한다. 예를 들어 독 안에 든 쥐가 독에 쌀을 가득 채워 넣고 저 혼자 배불리 먹어 본 들 다 먹은 후에 저 혼자 남아 있는 곳이 어디겠는가. 고작 '독 안에 든 쥐'라는 결론이다. 이와 같이 본인과 파트너(or직원)의 목표도 동반 달성될 수 있도록 함께 노력해야 진정한 리더의 미덕이라 할 수 있겠다.

리더의 목표 안에는 파트너 or 임직원의 목표가 같이 들어가 있어야 할 것이다. 즉 타인의 만족 및 불만족스러움과 개선점 등 타인의 상태 파악도 잘 할 줄 아는 리더가 되어야 한다는 것이다.

리더가 하는 말은 곧 결론이며 모든 것을 다 듣고 결정해야 한다. 리더가 한 번 말한 것을 정정하면 신뢰가 무너지게 되므로 임직원이나 협력사들의 모든 사안에 대해 토론으로 장, 단점을 찾고 결정해야 할 것이다.

리더는 임직원과 파트너(고객사)로부터 정기적으로 비판을 받는 미덕도 지녀야 할 것이다. 앉아 있는 경영에 안주해서는 안 될 것이며 업장 등을 분주하게 다니며 개선 및 제안 사안이 무엇인지 받아들여 즉각 반영해야 한다. 그러기 위해서는 그 들과의 토론이 절대 필요하다는 것을 잊지 말아야 한다.

리더는 매일 무엇을 배울 것인가에 대해 1일 목표를 세워 행하고 그 배움을 기록한다. 그 기록은 제2의 인생을 책임지는 길잡이가 될 것이다.

리더는 부하의 인격을 모독하거나 무시하지 말아야 한다. 칭찬은 고래도 춤추게 한다. 부하를 꾸중할 때는 별도로 불러서 꾸짖는다. 가급적 공개적인 칭찬, 구체적인(어떤 일을 했는지에 대한) 칭찬, 즉각적인 칭찬 등 신상필벌을 지켜야 한다.

리더가 화를 내면 아첨꾼이 많아지고 화를 잘 내는 장수 밑에는 게으른 자가 많아진다. 그 말은 리더가 화를 내면 면책을 받기 위해 아첨을 하게 되고 리더는 책임을 나누어 주는 사람으로 둔갑을 하게 된다는 말이다. 축구를 할 때 골을 넣는 기회를 많이 얻으려면 주자에게 어시스트를 많이 해야 하는 것처럼 그 어시스트의 역할을 리더가 해야 한다.

마지막으로 리더는 질문의 힘을 믿고 부하들의 쓴소리를 즐겨야 한다.

경영 마인드

사내 인사는 채용에서 배치까지 System으로 이루어져 나가야 한다. 회사에서의 투자는 경영자 과제 부여 - 임원회의 결정 채택 - Task Team 편성 - 보고회의 - 투자를 순서로 하되 투자는 결정 10년 뒤를 생각하고 Risk를 최소화할 수 있도록 전문가 의견을 꼭 청취해야 할 것이다.

기업에서 1억 원 이상의 과다 금액 구매를 하게 될 경우에는 감사실 검증 절차를 꼭 거쳐야 한다. 일반 법인의 경우에도 당연히 그래야 하겠지만 특히 상장 법인의 경우에는 더욱 투명해야 할 것이며 절대 횡령(10억 원 이상)과 배임이 있어서는 안 된다. 의심이 되는 곳에는 시범적으로라도 반드시 감사를 투입하여 부조리를 없애야 한다. 경영자는 이듬해 연간 예상되는 예산액에 대해 차기연도 반영 분을 당해 년 도 3/4분기 10월에 보고받고 가감한다. 스톡옵션은 객관적이며 수치 상 나타낼 수 있는 정당한 업적 평가 시 주어져야 하며 비밀리에 지급하는 것은 하지 않는 것을 원칙으로 한다. 경영 성과 보고는 분기 별로 회사 별 CEO가 보고하고 경영자는 성과 여부에 따라 격려와 채찍을 적당히 사용할 줄 알아야 한다. 과제는 경영자가 CEO에게, CEO가 본부장에게 내리는 방식으로 해야 하며 조직을 무시하고 윗선에서 직원 개인에게 과제를 직접 부여하는 것은 금해야 한다. 그렇게 하면 조직의 근간이 무너지게 된다. 경영자가 어느 특정한 임원에게 친분이나 혈연, 학연, 지연을 앞세운다거나 종교적으로 동질성을 나타내게 된다면 경영자의 입장이 좁혀지게 되며 노사 분규의 원인이 될 수도 있으므로 주의한다. 또한 경영자는 아무리 친분이 많은 사람과도 회사 내 문제를 밖에서 해결해서는 안 되며 회사 내 문제는 가급적 임원진과 해결해야 한다. 그뿐만 아니라 경영자라고 해도 회사 내 비밀 정보에 대해서는 외부인과 절대 논하거나 평가해서는 안 되며 회사 밖에서 청취한 내용이 있더라도 직원 어느 누구에게도 확인하거나 해서도 안 되며 반드시 확인 사항은 감사실에 특명하여 조사 보고 하도록 하여 참고 해야 한다.

경영자는 인사, 인명 사고는 책임 소재를 반드시 검증하여 문제점을 제시하고 평가하여 표본으로 삼고 해당 인사는 고가 평정 및 상벌이 반드시 따라야 한다. 경영자는 CEO와 임원진에 대한 급여는 최대한 혜택을 주되 성과와 실적 미달에 대한 책임에 대해서는 주주 총회에서 퇴임도 감수해야 할 만큼 반드시 그 책임을 지게 해야 하는 것을 원칙으로 해야 할 것이다.

경영자는 말을 적게 해야 한다. 말을 많이 하게 되면 언제나 허점이 생긴다. 경영자의 경청(經聽)은 중요하다. 경영은 많이 듣고 많이 고뇌해야 한다.

임원이 할 일

회사에서 임원의 관리가 소홀하여 간혹 중, 장기 경영 계획이 기획되지 않고 있는 경우가 있는 때도 있는데 임원의 연간 계획 및 분기 경영 계획 수립이 절대 필요하다. 회사의 임원이 재무제표 평가를 할 줄 모르면 원가 관리가 되지 않으므로 회사의 임원은 재무제표 평가를 반드시 할 줄 알아야 한다. 임원은 경영 실적 보고 회의에 참석하여 손익 결산 및 예상 매출에 대한 분기 별 경영 실적 보고 할 줄 알아야 하며, 분기별 손익 보고서 및 영업 실적 보고는 CEO나 경영자의 입회하에 이루어져야 한다. 임원들은 기본적으로 영어로 소통이 반드시 되어야 하겠지만 만약 그렇지 못하다면 영어로 소통될 수 있도록 기회를 부여해 주어야 한다. 또한, 임원들은 본부장 별 성과 미달 시 책임을 반드시 물어 상, 벌을 해야 한다.

매일 아침 8시 30분 이전에 출장자와 교육자를 제외하고 Tea Meeting을 통해 임원 간 대화로 소통한다. 본부장은 혹시 경영자로부터 직접 수명 받는 P/J 는 CEO에게 반드시 보고 해야 하며 그 밖의 오더 역시 그와 같다. 영어로 소통이 반드시 되어야 하겠지만, 만약 그렇지 못하다면 영어로 소통될 수 있도록 기회를 부여해 준다.

임원 간의 비방, 흑색선전, CEO의 직무 월권행위는 임원으로서 자질이 부족한 행위이며 임원은 도덕성이 결여되어서는 안된다. 회사의 기밀을 노출 또는 기술적 문제 범죄 행위는 형사고발이 성립된다는 것 명심하여야 하며 공과 사는 반드시 가려 책임질 줄 알아야 한다. 임원은 직원에 대한 면담을 수시 및 정기적으로 행하여 불미스러운 일이 사전에 봉쇄되어야 한다.

임원 간 연장자에 대한 예우는 본인의 품위를 나타내는 척도이니 올바른 시행을 하여 위화감을 없애야 할 것이다. 임원은 개인 신변에 문제가 발생할 경우 이유 불문하고 반드시 차 상위 직위 자에게 보고 해야 한다.

임원은 항상 "참. 고. 미. 사"를 의식 하며 실천하자.
- 참 잘했습니다, 고맙습니다, 미안 합니다, 사랑 합니다.

비전 상승

최근에는 금융기관 사이트에서 일정한 비용을 매월 지급하면서 사용할 수 있는 ERP System도 도입되었으므로 관심을 두고 보기를 권장한다. ERP System을 구축하려면 비용이 지출되긴 하지만 아직 ERP System을 시행하지 않은 기업은 조속히 시행해야만 더욱더 회사의 발전을 도모할 수 있을 것이다.
회사 내 모든 결재는 전자 결재로 만들어 직원들이 출장 중이나 교육 중에도 경비 등의 지급이 지연되지 않도록 해야 한다. 현재의 결재 시스템은 경영자가 직접 결재하고 그에 따른 지침과 보고를 받게 되어 있는 곳이 많은데 위와 같은 결재 권한은 임원에게 책임과 권한을 위임하여 기안 문건에 따라 부서장별로 결정하여 집행할 수 있도록 해야만 회사가 발전할 수 있을 것이다. 회사가 발전할 수 있는 지름길은 내 규정집에 의한 업무가 철저히 진행되는 것이며, 이와 더불어 올바른 회계 처리가 시행되어야 만 한다.

회사 내, 부서 내 업무 공유 부재로 직원 퇴임 시 차기 내 정자가 업무 수행에 막대한 지장을 초래하거나 추진력이 모자랄 수 있으므로 평상시에 업무에 대한 공유가 이루어질 수 있는 시스템을 구축해 나가야 한다. 모든 업무에 대한 지시는 경영자에 의해 상위 하달되는 것을 절대 금해야 할 것이다. 위와 같은 시스템은 직원들을 창조와는 거리가 먼 "Yes man"으로 만들어 가는 지름길이다.

회사 내 복지 증진을 위한 구판장, 헬스센터, 통신 교육을 하는 부서에는 기술 면허 소지자를 우선으로 채용하고, 직원에 대한 포상은 직원 모두가 제안 및 특허를 획득할 수 있게 마일리지를 적용하여 포상하면 직원들의 능률을 오르게 할 수 있을 것이다.

계획성 있는 목표 설정과 그에 따른 회의체가 모자라면 안 될 것이다. 계획한 목표대로 잘 실행되고 있는지 보고하고 확인하는 체계가 반복되어야 한다. 회사 내 회의가 진행되지 않더라도 주간 업무 보고는 매주 체계적으로 이루어져야 한다.

Chairman Would Give Wings To the children but Chairman would leave the child alone so that He could learn how to fly on his own.

회장은 아이들에게 날개를 달아 줄 것이다. 그러나 간섭은 하지 않을 것이다. 왜냐 하면 혼자서 날수 있는 방법을 터득 할 수 있을 테니까.

갈등 해소

회사가 더욱 발전하려면 내부 소통과 정보 교환이 우선 되어야 한다. 회사 내 부서 간, 또는 본부 간의 철벽 통제로 인해 임원 상호 간의 소통 부재와 정보 교환이 이루어지지 않는 경우를 볼 수 있는데 이처럼 회사 내에서 보이지 않는 벽을 허물지 않는 발전을 기대할 수 없다는 사실을 인지해야 한다. 회사 내 직원 모두에게 정보 요원과 유사한 교육을 통해 영업 정보 공유로 상호 UP-date 할 수 있는 체계를 구축하여 더욱 발전할 수 방법을 소통해야 할 것이다. 회사 내 부서 간 경쟁을 불러올 수 있는 의욕을 고취 시켜 표창과 격려를 한다면 직원들의 사기도 덩달아 오를 수 있을 것이다.

회사에서 절대 필요한 인원으로 성장할 수 있는 교육을 정기적으로 시행한다. 위와 같은 교육의 종류로는 생산성 본부 교육, 시그마 6교육, 과정별 교육, 직능 별 교육 등이 있으나, 회사별로 어떠한 교육이 필요한지 분석하여 준비해야 한다.

회사 내 모든 구매 절차는 현장 부서 품의 - 구매부서 오더 - 검수 및 회계 등의 절차에 따라 System 화 되어야 한다.

연간 세미나, 체육 대회, 등반 대회 등을 실시할 때 직원들에게 이념 교육을 의무적으로 실시하는 것이 좋다. 그리고 단합대회는 부서별, 혹은 팀별로 매월 및 분기마다 반드시 이루어져야 직원들의 사기와 업무 능률 향상에도 도움이 될 수 있으며, 직원 개인 역량을 키울 발표회를 하는 것도 바람직할 수 있다.

직원들의 이직이 잦다면 그 원인을 분석하여 무엇보다 직원들이 회사를 믿고 따르게 해야 할 것이다. 퇴사자가 많을 경우는 Happy Call 등을 운영하여 직원들이 인사에 불만이 없는지 등에 관해 확인이 필요하다.

회사 내에서 성폭행, 성추행 등 이성 간 문제 소지가 발생하거나 언어 성폭력, 금전적 문제를 일으킨 자는 누구든지 퇴사 조치하여 두 번 다시 그러한 일이 발생하지 않도록 해야 한다.

회사 내 부서 간 도박 행위, 마약 행위, 노사 갈등 소지 방지를 위해 직원 점검 및 사전 색출하여 퇴사 조치한다. 위 사항 중 도박 및 마약 행위는 회사 외부에서도 금한다. 다음은 직원에서 임원이 되기 위한 금기 사항 **2S, 2G**이다.

(Stock주식, Sex Scandal스캔들, Golf내기골프, Gambling도박)

위 경영에 관한 내용은 필자가 동화기업, 한전기공, 한전핵연료, 하나비젼, 은성산업, 엠마이니닝153, ㈜삼성생명에서 임원으로 재직 中 고뇌하면서 기록한 내용이다.

이 책을 추천 하다

세상에서 '진실'이 사라지고 있습니다. 세상에서 '순수'가 사라지고 있습니다. 세상에서 '성실'이 사라져가고 있습니다. 세상에서 '열정'이 사라져가고 있습니다. 세상에서 '화목'이 사라졌습니다. 진실, 순수, 성실, 열정, 화목이 다섯 개의 단어는 저자 '서준석'을 떠오르게 하는 표상입니다. 20여 년을 만나 사귀면서 참으로 소중한 인연이라 생각되는 분입니다. 고집스럽게 유지되는 저자의 성품은 아마도 그의 어린 시절 동강에서쿠터 피어나기 시작해서 이제 한강으로 흘러들어 오면서 더욱 만발하여, 어지럽고 혼탁한 세상에서 더욱 빛을 발하게 될 것입니다.

 은산기업(주) 회장 **황 훈**

저자 서준석은 한마디로 완전한 인간이다. 개인적으로는 치열하게 살아온 경제인이고 가정적으로는 사랑을 실천한 교육자며 늘 솔선수범하고 오랜 공직생활에도 잡음 하나 없이 청렴했으며 늘 조직과 기업 그리고 사회를 위해 헌신 봉사하여 오늘에 이른 것을 옆에서 보아 왔었다. 자녀를 외교관으로 교육자로 그리고 과학자로 석학으로 기르고 싶은 분들은 물론, 이런 사람이 되고 싶은 본인들은 이 책을 꼭 읽어보시기를 권한다.
치열하게 하루하루를 살아가는 직장인들, 공명정대하게 일처리를 해야 하는 공직자들, 공부를 하고 연구를 하는 학생과 학자들, 주위에 베풀고 봉사하며 나눔을 실천하는 봉사자들 등등 모든 분들이 이 책을 탐독함으로써 세상을 올바르게 살아가는데 나침반이 될 수 있음은 물론, 삶의 수준이 향상되고 풍요로워지는데 커다란 도움을 얻을 수 있을 것이 다.

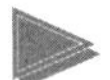 육군 대령(예/육사34기) **김 규 만**

이 책은 저자 서준석님의 삶의 모습을 그대로 담은 아름다운 책이다.
저자의 강직함, 성실, 충정, 배려, 리더십, 신의... 그리고 따뜻한 마음까지 두루 갖춘 완벽한 남자의 일생을 그린 책에 감동을 받았으며 이 책을 대하는 모두가 같은 마음이 될 것이라 굳게 믿는다.
저자는 이 책에
"안 되는 일은 없다. 하면 된다!" 라는 신조를 보여주었다.
이 책을 읽는 모든 사람들은 하는 일마다 안 되는 일이 없고 하면 된다는 것을 깨닫게 될 것 이므로 필독을 강력히 추천한다.

 동양투자신탁(주) 사장 **이 택 하**

인생을 살면서 가장 중요한 것은 '신뢰'라고 생각한다.
'신뢰'란 평범한 것 같지만 얼마나 무겁고 지키기 힘들다는 것은 우리는 알고 있다. 저자 서준석은 청와대 경호실에서 일하면서 희생하며 원칙을 지키기 위해 자신의 삶을 포기하며 살아왔을 것이다.
그런 그가 책을 냈다.
어린 시절의 경험에서부터 공직생활의 에피소드. 그리고 가정생활과 리더의 덕목까지.
한 사람의 일생을 책으로 들여다볼 수 있고 그의 인생은 대한민국의 역사와 함께 살고 성장한 이야기를 볼 수 있어서 좋다.
또 세 자녀의 당당하고 멋진 아버지로서 능력 있는 상사로서 그의 재치 있는 이야기들과 노하우를 읽는 독자들이 즐겁게 경험하길 바란다.

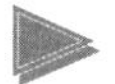 법무법인 동인 대표변호사 **김 종 인**

저자 서준석은 자신이 몸담고 있는 조직을 위해서 헌신적이며 배려를 갖춘 '진정한 리더'이다. 저자의 인간적인 면모는 짧은 지면에 다 설명할 수 없을 정도로 의리와 신뢰가 강한 분이며 매사에 열정으로 새로운 일에 도전하는 모습은 후배들에게 귀감이 된다. 인간관계를 풍성하게 하고자 하는 분들이나 인생을 도전하고 적극적인 삶을 원하는 분들에게 또한 자녀교육에 대해 좋은 팁을 얻고자 하는 분들에게 본서 일독을 권하면서 서준석님이 사회를 위해 더 큰일 많이 해 주시고 후배들의 영원한 멘토로 남아주시기를 바란다.

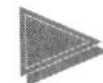 한전 KPS 발전처장 **방 병 욱**

경험이 큰 사람을 만든다고 했다. 저자가 최고 통치자와 함께했던 시간만큼 공직자로 살아온 시간만큼 배울 점과 열정을 담은 책이라 보인다.
가정이 화평한 사람이 큰일을 할 수 있다고 했다. 저자는 현명한 아내와 함께 자녀 셋을 세계적인 과학자로, 외교관으로, 교육자로 키워냈으니 그야말로 세기에 본받을만한 역사를 쓰고 있다고 보여 진다.
이 책은 저자의 경험과 자녀교육의 실천을 배울 수 있을 것이라 확신하며 독자들에게 권하고 싶다.

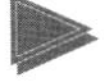 삼원중공업(주) 회장 **양 득 춘**

큰 기대와 초대박이 예상되오며, 감히 정중하게 삼가 감축드리옵니다.
입지전적 자서전이 현재 모두들 지쳐있는 난 세상에 출간되면 빛과 소금 같은 역할은 물론 귀하고 독보적인 세 자녀의 재조명을 통해 짝 찾는 혼사 숙원 사업도 향후 "줄을 서시오"처럼 자연적 해결과 큰 도움이 될 것으로 예상되오니 절대 서두르는 愚를 범하지 마시기를 忠言 드립니다.

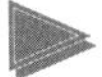 NS시스템(주) 부사장 **김 명 구**

자서전이란 자기 살아온 이야기를 풀어놓는 이야기를 말한다.
자신의 이야기를 기어이 '사고 쳤다(자서전)'는 이야기에 찌릿한 감동으로 다가왔다. '동강'은 강원도 골짜기를 의미하는 일급수 청정지역이요, '한강'은 이 나라의 국운과 풍운이 서린 강이 아닌가.
일급수 동강에서 자란 피라미가 험난한 물줄기를 헤치고 올라와 한강에 이른 그의 이야기는 어쩌면 이 나라 우리 세대가 겪는 또 하나의 인간 만세가 아닌지 모르겠다. 내 거울에 비친 저자 서준석은 전장 무도인의 한 사람으로서 참으로 자랑스럽다. 동강에서 한강까지를 낸 그에게 아낌없는 찬사와 박수를 보낸다.

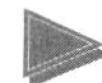 前국방부 태권도 지도심사위원(국제심판) **이 용 묵**

과거는 현재를 살게 해주는 힘이자 미래를 준비하는 원천이다.
저자 서준석은 서두름 없는 열정으로 지속적으로 실천하는 선구자이며 시대를 앞서가는 탁월한 안목을 갖고 있다. 다양한 인생의 여정을 우리가 우열을 가리거나 평가를 내리기는 매우 어렵다. 하지만 저자의 글은 자신의 여정에서 최선을 다하는 모습과 한순간의 화려함보다는 세월 속에 경험했던 열정의 순간들을 이야기하고 있어 감동적이다.
서준석님은 늘 소박하고 겸손하며 나눔을 실천하는 이 시대가 요구하는 삶의 모델이며 진정한 애국자이다.
어려운 시기를 슬기롭게 극복하고 파란만장 여정의 자서전은 도전에 직면한 젊은 세대들에게 희망의 등불이 될 것이라 생각한다.

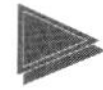 (주) 시티코어 회장 **윤 상 돈**

청와대 20년, 공기업 20년, 그가 살아온 흔적

동강에서 한강까지

발　행 | 2018년 12월
지은이 | 서준석
펴낸곳 | 잠재지능교육

등　록 | 2010년 8월 11일 제2017-000107호
주　소 | 서울시 강남구 도곡로27길 5, 2층 (역삼동)
전　화 | 02)333-2918

ISBN 978-89-964948-9-8

값 23,000원

국립중앙도서관 출판예정도서목록(CIP)

동강에서 한강까지 : 청와대 20년, 공기업 20년, 그가 살아온 흔적 / 지은이: 서준석. -- 서울 : 잠재지능교육, 2018
p. ; cm

ISBN 978-89-964948-9-8 13300 : ₩23000

자서전[自敍傳]

990.99-KDC6
920.02-DDC23 CIP2018040595